中国社会科学院创新工程学术出版资助项目

居安思危·世界社会主义小丛书

我国社会主义初级阶段基本经济制度

樊建新 ◎ 著

社会科学文献出版社
SOCIAL SCIENCES ACADEMIC PRESS (CHINA)

居安思危·世界社会主义小丛书
编 委 会

总　　编　李慎明

执行主编　陈之骅

编委会委员　（按姓氏笔画）

马　援　　王立强　　王　镭　　邓纯东

吴恩远　　张树华　　侯惠勤　　姜　辉

秦益成　　晋保平　　程恩富　　谢寿光

樊建新

"居安思危·世界社会主义小丛书"总序(修订稿)

中国社会科学院原副院长
世界社会主义研究中心主任、研究员
李慎明

"居安思危·世界社会主义小丛书"既是中国社会科学院世界社会主义研究中心奉献给广大读者的一套普及科学社会主义常识的理论读物,又是我们集中院内外相关专家学者长期研究、精心写作的严肃的理论著作。

为适应快节奏的现代生活,每册书的字数一般限定在4万字左右。这有助于读者在工作之余或旅行途中一次看完。从2012年7月开始的三五年内,这套小丛书争取能推出100册左右。

这是一套"小"丛书,但涉及的却是重大的理论、重大的题材和重大的问题。主要介绍科学社会主义基本理论及重要观点的创新,国际共产主义运动中重大历史事件和重要领袖人物(其中包括反面角色),各主要国家共产党当今理论实践及发展趋势等,兼以回答人们心头常常涌现的相关疑难问题。并以反映国外当今社会主义理论与实践为主,兼及我国的革命、建设和改革开放事业。

从一定意义上讲,理论普及读物更难撰写。围绕科学社会主义特别是世界社会主义一系列重大理论和现实问题,在极有限的篇幅内把立论、论据和论证过程等用通俗、清新、生动的语言把事物本质与规律讲清楚,做到吸引人、说服人,实非易事。这对专业的理论工作者无疑是挑战。我们愿意为此作出努力。

以美国为首的西方世界的国际金融危机,本质上是经济、制度和价值观的危机,是推迟多年推迟多次不得不爆发的危机,这场危机远未见底且在深化,绝不是三五年就能轻易走出去的。凭栏静听潇潇雨,世界人民有所思。这场危机推动着世界各国、各界特别是发达国家和广大发展中国家的普通民众开始进一步深入思考。可以说,又一轮人类思想大解放的春风已经起于青蘋之末。然而,春天到来往往还会有"倒春寒";在特定的条件下,人类社会也有可能还会遇到新的更大的灾难,世界社会主义还有可能步入新的更大的低谷。但我们坚信,大江日夜逝,毕竟东流去,世界社会主义在本世纪中叶前后,极有可能又是一个无比灿烂的春天。我们这套小丛书,愿做这一春天的报春鸟。党的十八大后,在以习近平同志为总书记的党中央正确而又坚强的领导下,我们更加充满了信心。

现在,各出版发行企业都在市场经济中弄潮,出版社不赚钱决不能生存。但我希望我们这套小丛书每册定价不要太高,比如说每本10元是否可行?相关方面在获取应得的适当利润后,让普通民众买得起、读得起才好。买的人多了,薄利多销,利润也就多了。这是常识,但有时常识也需要常唠叨。

敬希各界对这套丛书进行批评指导,同时也真诚期待有关专家学者和从事实际工作的各级领导及各方面的人士为我们积极撰稿、投稿。我们选取稿件的标准,就是符合本丛书要求的题材、质量、风格及字数。

2013 年 3 月 18 日

目录 | CONTENTS

1 | 导语

2 | 一 基本经济制度的极端重要性

9 | 二 我国社会主义初级阶段基本经济制度确立的依据

19 | 三 我国社会主义初级阶段基本经济制度的含义

29 | 四 对公有制和国有经济一些错误认识的评析

63 | 五 公有制为主体是防止两极分化、实现共同富裕的根本

77 | 六 正确认识社会主义条件下私营经济的性质和作用

95 | 七 坚持改革的正确方向,确保基本经济制度的巩固和发展

导语

改革开放以来,为适应我国生产力发展不平衡、不发达的实际状况,我们党认真总结以往在所有制问题上的经验教训,逐步调整和完善所有制结构,实行了以公有制为主体、多种经济成分共同发展的方针。党的十五大在改革开放以来党的相关论述和实践的基础上,正式提出我国社会主义初级阶段基本经济制度的概念,指出:"公有制为主体、多种所有制经济共同发展,是我国社会主义初级阶段的一项基本经济制度。"[①]那么,建设中国特色社会主义为什么要确立一个基本经济制度,确立基本经济制度的依据是什么,怎样理解基本经济制度的含义,坚持基本经济制度应当防止哪些倾向,怎样才能更好地坚持基本经济制度,等等,是需要我们必须做出科学回答的重大理论和现实问题。

---

① 《十五大以来重要文献选编》上,人民出版社,2000,第20页。

一　基本经济制度的极端重要性

经济制度是为反映一个社会占统治地位的生产关系的发展要求而创设的经济方面的各种制度、规则和措施的总称,而在构成生产关系的三个方面(生产资料归谁所有,人们在生产中的地位和相互关系,产品如何分配)中,生产资料归谁所有是最基本的、决定性的方面。我们知道,任何一种社会形态,都必须有区别于其他社会形态的本质性规定和特征。从生产关系和经济基础的角度看,生产资料所有制就是区分不同社会形态和社会性质的重要标志。比如,奴隶社会就是生产资料主要归奴隶主阶级所有的社会(在奴隶社会,奴隶也被当作一种生产资料,即"会说话的工具"),封建社会就是生产资料主要归封建主或地主阶级所有的社会,资本主义社会就是生产资料主要归资本家阶级所有的社会,社会主义社会则是生产资料归社会所有的社会(在社会主义的不同历史发展阶段,比如初级阶段的社会主义和中高级阶段的社会主义,所有制结构也会有所不同)。因此,基本经济制度就是对一个社会的所有制结构所做的法律化和制度化的规定。可见,所有制是经济制度的核心,也是我国社会主义初级阶段基本经济制度的核心。

生产资料所有制之所以如此重要,是由它在物质生产活动及由物质生产决定的人们的生产关系即社会关系中的地位决定的。我们知道,人们要生活,就必须进行衣食住行等方面的物质生产,这些是每一个人乃至整个社会得以存在的前提。而要进行生产,人与人之间必须结成一定的社会关系,其中最基本的社会关系就是生产关系。在整个生产关系中,生产资料所有制是决定性的关系,它决定了人与人之间的其他经济关系,包括生产出来的产品如何分配。人类进入阶级社会后,人们就划分为不同的阶级,即一部分人占有生产资料,另一部分人丧失生产资料,整个物质生产就是为占有生产资料的阶级服务的,丧失生产资料的阶级就处于被剥削和受压迫的地位。比如在资本主义社会,拥有生产资料并凭借这种占有权去无偿剥夺劳动者剩余价值的就是资产阶级,而不拥有任何生产资料的劳动者就是无产阶级。如果劳动者共同占有生产资料,整个社会经济关系就会发生根本性变化,物质生产就可以用于不断满足全体劳动人民的需要,产生剥削和压迫的经济根源就不复存在了。由于经济基础决定上层建筑,有什么样的经济基础,就会有什么样的上层建筑去维护它,因此整个社会的上层建筑从根本上说,都是为占有生产资料的那部分人服务的。可见,生产资料所有制不仅是生产关系的基础,而且是全部社会关系的基础。一个社会的性质,从经济上说,正是由生产资料所有制形式决定的。这是马克思主义的一个基本原理,也是人类历史发展的真实状况。

恩格斯在《家庭、私有制和国家的起源》中总结人类社会发展的历史时指出,社会革命虽然是政治行动,但归根到底是为了改变生产资料所有制。他说:"迄今的一切革命,都是为了保护一种所有制以反对另一种所有制的革命。它们如果不侵犯另一种所有制,便不能保护这一种所有制。在法国大革命时期,是牺牲封建的所有制以拯救资产阶级的所有制";"的确,一切所谓政治革命,从头一个起到末一个止,都是为了保护一种财产而实行的,都是通过没收(或者也叫作盗窃)另一种财产而进行的。"[1]

---

[1] 《马克思恩格斯选集》第4卷,人民出版社,1995,第113页。

马克思恩格斯在考察、研究无产阶级和其他劳动人民获得解放的途径时,始终把所有制问题放到首位。马克思恩格斯在《共产党宣言》里强调,所有制问题是共产主义运动的"基本问题"。① "共产主义革命就是同传统的所有制关系实行最彻底的决裂"。② 正因为所有制的极端重要性,马克思恩格斯毫不犹豫地指出,"共产党人可以把自己的理论概括为一句话:消灭私有制"。③ 因此,在国际共产主义运动中,必须把确立生产资料公有制当作首要的目标。任何淡化所有制、否定所有制的重要意义的观点,都是错误的。试图不触动资本主义私人占有制就能实现无产阶级根本解放的想法,都是空想。当然,在社会主义革命取得成功之后,公有制的实现程度和实现方式需要根据当时当地生产力的发展水平和程度来定,既不能超越生产力发展水平,一味强调公有制越多越纯就越好;也不能不顾生产力水平的发展和生产社会化的需要,不去及时发展壮大公有制成分;更不能以所谓公有

---

① 《马克思恩格斯选集》第1卷,人民出版社,1995,第307页。
② 《马克思恩格斯选集》第1卷,人民出版社,1995,第293页。
③ 《马克思恩格斯选集》第1卷,人民出版社,1995,第286页。

制是"人人皆有,人人皆无""不求所有,但求所用""不问姓'社'姓'资'、姓'公'姓'私'"等说辞,抹杀公有制存在的意义和作用,甚至取消公有制。

根据马克思主义关于所有制的地位和作用的基本原理,我们党始终高度关注所有制问题。早在新中国成立前,我们党就在探索新民主主义革命胜利后未来新中国的所有制结构。在党的七届二中全会上,毛泽东就论述了新中国的所有制结构,他说:"国营经济是社会主义性质的,合作社经济是半社会主义性质的,加上私人资本主义,加上个体经济,加上国家和私人合作的国家资本主义经济,这些就是人民共和国的几种主要的经济成分,这些就构成新民主主义的经济形态。"[①]在这些经济成分中,国营经济是"整个国民经济的领导成分","谁要是忽视或轻视了这一点,谁就要犯右倾机会主义的错误";"在革命胜利以后一个相当长的时期内,还需要尽可能地利用城乡私人资本主义的积极性……但是中国资本主义的存在和发展,不是如同资本主义国家那样不受限制任其泛滥

---

① 《毛泽东选集》第4卷,人民出版社,1991,第1433页。

的……如果认为我们现在不要限制资本主义,认为可以抛弃'节制资本'的口号,这是完全错误的,这就是右倾机会主义的观点。但是反过来,如果认为应当对私人资本限制得太大太死,或者认为简直可以很快地消灭私人资本,这也是完全错误的,这就是'左'倾机会主义或冒险主义的观点"。[①]"占国民经济总产值百分之九十的分散的个体的农业经济和手工业经济,是可能和必须谨慎地、逐步地而又积极地引导它们向着现代化和集体化的方向发展的"[②],方式是通过合作社的方式。这里,我们党清晰地阐述了革命胜利后各种所有制经济成分的不同性质、在经济生活中的不同地位和作用,以及未来的发展走向。可以说,这是符合当时我国生产力发展状况和水平的基本的经济制度,即新中国成立后我国新民主主义社会的基本经济制度。

随着我国国民经济的迅速恢复和发展,党中央于1953年提出了从新民主主义社会向社会主义社会转变时

[①] 《毛泽东选集》第4卷,人民出版社,1991,第1431~1432页。
[②] 《毛泽东选集》第4卷,人民出版社,1991,第1432页。

期的总任务,即"一化三改"的过渡时期总路线。这里的"一化"指的是实现社会主义工业化,"三改"指的是实现农业、手工业和私营工商业的社会主义改造,建立社会主义制度。总路线的实质是将生产资料的资本主义私有制改造为生产资料的社会主义公有制。到1956年,生产资料所有制社会主义改造的任务基本完成,基本上确立了生产资料公有制(包括全民所有制经济和集体所有制经济)的基本经济制度。这一制度在所有制结构上虽然存在形式单一的问题,却为后来的发展奠定了根本的制度基础和政治前提,即从经济制度上规定了新社会的社会主义性质。我们之所以始终强调必须毫不动摇地坚持基本经济制度,其意义就在于此。

二 我国社会主义初级阶段基本经济制度确立的依据

采取什么样的所有制结构,从根本上取决于社会发展阶段和当时的生产力发展水平。如果对当时社会发展阶段的认识出现误判,那么采用的所有制结构就会与生产力的发展不相适应,要么滞后于生产力的发展水平,要么超前于生产力的发展水平。苏联时期和我国改革开放前的一段时期,由于在社会主义所处历史阶段的认识上出现"左"的倾向,超越了历史发展阶段,所以在所有制问题上采取了"一大二公"的纯而又纯的单一公有制结构,忽略了生产力发展的现实要求。改革开放以来,我们党解放思想,实事求是,重新审视我国社会主义社会的发展阶段和历史定位,总结了过去单一公有制的教训,提出了建立公有制为主体、多种所有制经济共同发展的所有制结构,并把它确定为基本经济制度。

我们为什么要确定这样的而不是别样的基本经济制度?确定这一基本经济制度的客观依据是什么?

党的十一届三中全会以来,我们党正确分析国情,做出了我国还处于社会主义初级阶段的科学论断。邓小平指出,"中国社会主义是处在一个什么阶段,就是处在初级阶段,是初级阶段的社会主义。社会主义本身是共产主义的初级阶段,而我们中国又处在社会主义初级阶段,就是不发达的阶段。一切都要从这个实际出发,根据这个实际来制订规划"。[①] 可见,社会主义初级阶段的论断包括两层含义:一是我国已经进入社会主义社会,我们必须坚持而不能离开社会主义;二是我国的社会主义社会还处于初级阶段,我们必须从这个实际出发,而不能超越这个阶段。党的十八大强调指出,社会主义初级阶段基本国情是我国建设中国特色社会主义的总依据。因此,社会主义初级阶段基本国情是我们制定和执行正确路线和政策的根本依据,从而也是确定这一历史阶段基本经济制度的根本依据。

第一,我国已经进入社会主义社会。

社会主义是我们党领导中国人民进行长期革命斗

---

① 《邓小平文选》第3卷,人民出版社,1993,第252页。

争取得的伟大成果,也是中国人民的历史性选择。我们必须坚持而不能背离社会主义。社会主义的性质要求国家的经济基础必须是公有制。坚持社会主义,就必须坚持公有制。我们强调生产资料公有制是社会主义的经济基础,并不是出于主观的臆想,也不是像空想社会主义者那样出于善良愿望,而是反映了社会发展规律的客观要求。

生产力决定生产关系、生产关系要适合生产力发展的状况,这是人类社会发展的根本规律。马克思指出:"人们在发展其生产力时,即在生活时,也发展着一定的相互关系;这些关系的性质必然随着这些生产力的改变和发展而改变。"[1]在生产力和生产关系的相互作用中,生产力是生产的物质内容,生产关系是生产的社会形式。所谓生产力决定生产关系,指的是生产关系是在生产力的影响下形成和改变的,它必须与生产力的发展状况和水平相适应。一定的生产力要求有与它相适应的生产关系相匹配,而一定的生产关系只有依赖一定的生产力的

---

[1] 《马克思恩格斯选集》第4卷,人民出版社,1995,第536页。

状况才能建立起来。可见,人们在物质生产中采用什么样的生产关系,并不是人们的主观随意选择,而是由生产力客观地决定的。

到了资本主义时期,随着生产力的发展,日益专业化且联系密切的生产分工使整个国民经济越来越成为一个相互依赖的整体,许多分散的生产过程逐渐融合成为社会的生产过程。生产力的这种性质客观上要求由社会来占有生产资料和调节国民经济。然而在资本主义条件下,生产资料的私人占有制和整个社会生产的盲目性使生产形式与占有形式发生了不可调和的矛盾,生产的社会性与生产资料的私人资本主义占有之间的矛盾就构成了资本主义社会的基本矛盾。资本主义周期性经济危机就是这一矛盾的表现。在资本主义制度范围内无法根本解决其固有的这一基本矛盾。按照生产力的社会性质的客观要求,用公有制代替私有制,是唯一出路。

社会主义公有制是与生产力的发展要求相适应的。在社会化大生产的条件下,用社会主义公有制取代资本主义私有制,符合社会发展的历史趋势,是一种不以人的意志为转移的客观规律。恩格斯在论述未来社会主义社会时说,未来社会主义与资本主义的"具有决定意义的差别当然在于,在实行全部生产资料公有制(先是单个国家实行)的基础上组织生产"。① 可见,马克思主义经典作家所理解的社会主义社会,虽然和任何其他社会制度一样,是"经常变化和改革的社会"②,但是有一点是不会变的,即它是在生产资料公有制基础上组织生产的,也就是说,它的经济基础是生产资料公有制。所以,在《共产党宣言》中,马克思恩格斯明确提出,社会主义革命取得胜利、无产阶级上升为统治阶级以后,就要"利用自己的政治统治,一步一步地夺取资产阶级的全部资本,把一切生产工具集中在国家即组织成为统治阶级的无产阶级手里"。③

既然我们已经进入社会主义社会,虽然是不发达的社会主义,但社会主义的性质决定了我们必须坚持公有制。如果取消公有制、实行私有化,就会丧失社会主义的经济基础,建立在这一经济基础之上的社会主义的上层建筑就会轰然倒塌。因此,决不能认为,所有制不是判断

---

① 《马克思恩格斯选集》第4卷,人民出版社,1995,第693页。
② 《马克思恩格斯选集》第4卷,人民出版社,1995,第693页。
③ 《马克思恩格斯选集》第1卷,人民出版社,1995,第293页。

社会性质的决定性因素;决不能认为,公有制是可有可无的,没有公有制也可以搞社会主义。

第二,我国的社会主义还处于初级阶段。

一方面,我国的社会主义脱胎于半殖民地半封建社会,没有经过一个资本主义充分发展的历史阶段,生产力水平远远落后于发达资本主义国家。我们不是在资本主义高度发展的基础上建设社会主义的,这就决定了我们必须经历一个很长时间的初级阶段,去实现西方发达国家在资本主义条件下实现的工业化、现代化。另一方面,我国社会生产力发展很不平衡,既有依靠机械化工具进行生产的先进生产力,也有依靠传统手工工具进行生产的落后生产力;既有高度社会化的生产形式,也有一家一户分散经营的小农经济;既有现代化工业,也有落后于现代水平几十年甚至上百年的工业;既有经济比较发达的地区,也有广大不发达地区和贫困地区。生产力的落后,决定了在生产关系方面,发展社会主义公有制所必需的生产社会化程度还很低,而且这种多层次的生产力水平,客观上要求有多种所有制与之相适应。另外,我国幅员辽阔、人口众多、劳动就业压力大等因素,使公有制经济也难以做到全面覆盖。这就要求,必须发展多种经济成分,才能适应多层次生产力发展的需要,才能有利于调动一切积极因素,充分利用各种资源,促进我国国民经济的发展。因此,我们在坚持公有制为主体、保证我国社会的社会主义性质的前提下,还需要有个体经济、私营经济、外资经济等各种非公有制经济作为补充。

正是基于上述实际情况,我们党总结了过去的经验教训,在所有制问题上提出公有制为主体,这既坚持了社会主义社会的性质,又不搞单一公有制,允许多种所有制经济发展。正如邓小平在1985年指出的:"我们允许个体经济发展,还允许中外合资经营和外资独营的企业发展,但是始终以社会主义公有制为主体。"①

1987年,党的十三大总结了改革以来的新鲜经验,进一步提出了发展私营经济问题。十三大报告指出:"目前全民所有制以外的其他经济成分,不是发展得太多了,而是还很不够。对于城乡合作经济、个体经济和私营经济,

---

① 《邓小平文选》第3卷,人民出版社,1993,第110页。

都要继续鼓励它们发展。"①"实践证明,私营经济一定程度的发展,有利于促进生产,活跃市场,扩大就业,更好地满足人民多方面的生活需求",因而也是"公有制经济必要的和有益的补充。"②这样,我国的所有制格局,除了作为主体的多种形式的公有制经济以外,还包括劳动者个体经济、私营经济、外资经济,以及中外合资经济等混合经济。这一制度安排适应了社会主义初级阶段各个领域、各个地区生产力发展不同水平的要求,促进了生产力的发展。

需要指出的是,当前阶段我们大力发展各种非公有制经济,绝不是因为私有制符合人的所谓自私本性,也不是因为私营经济是先进生产力的代表。非公有制经济作为社会主义经济的补充,只是一定历史时期的政策。我们现在发展私有经济是为最终消灭私有制创造物质条件。因为社会主义初级阶段本身不是一种独立的社会形态,只是社会主义社会的一个发展阶段,它既不是凝固不

---

① 《十三大以来重要文献选编》上,人民出版社,1991,第31页。
② 《十三大以来重要文献选编》上,人民出版社,1991,第32页。

变的,也不是永无期限的,而是不断向前发展的,即初级阶段要向中高级阶段发展直至共产主义。我们现在的政策方针措施要为将来向中高级阶段做准备,我们的奋斗目标是实现共产主义,因此不能把社会主义初级阶段凝固化、永恒化,不能说私有制经济发展得越多越好,因为私有制经济不是社会主义性质的经济。应该看到,多种所有制经济共同发展是一种历史现象,将来随着社会主义进入更高级的阶段,私有制经济是要逐步减少直至最终消失的。

在社会主义的整个发展过程中,除了生产力更加发达、物质财富更加丰富外,在经济基础、生产关系等方面,社会主义的因素应该越来越多。也就是说,在中高级阶段,社会主义因素要比现在初级阶段的更多才对。而这一结果不会自动出现,需要有预见性,需要为实现这一目标而采取措施做好准备。在新民主主义革命时期,我们党就明确了新民主主义的方向是社会主义,当时就在方方面面加强和扶持社会主义因素:在经济上坚持公有制经济的领导权,在政治上加强无产阶级领导权,在文化思想上确立马克思主义的指导地位。当前,我们也应该思考如何为将来社会主义从初级阶段发展到中高级阶段进行必要的准备的问题,思考今天所做的事情是否能够和怎样才能为将来的发展打好基础、做好铺垫的问题。

总之,在整个社会主义初级阶段,我们都应该坚持公有制为主体、多种所有制经济共同发展这种基本经济制度。只要社会主义初级阶段这个基本国情没有发生变化,我们就不能改变这个基本经济制度,既不能搞单一公有制,也不能搞私有化。

三 我国社会主义初级阶段基本经济制度的含义

我国社会主义初级阶段基本经济制度包含以下几个方面的含义。

第一,包括公有制经济在内的各种所有制经济成分要"共同发展"。

在我国当前阶段生产力发展状况下,公有制经济和非公有制经济的发展都有利于经济的发展,有利于满足人民多方面物质文化的需求。因此,不能只发展某一种性质的所有制经济,排斥其他性质的所有制经济。在整个社会主义初级阶段,公有制经济和非公有制经济都需要大力发展。当然,国家会从经济发展的全局出发,对所有制的结构进行宏观调整,有些领域、有些行业需要公有制经济多一些,有些领域、有些行业需要非公有制经济多一些,但不能把这种全国范围内的宏观战略调整笼统地说成是"国退民进"或者"国进民退"。事实上,改革开放以来,非公有制经济得到了迅速发展,不仅没有"退",总体上还在大踏步地"进",而且发展速度还快于国有经济。

一些人炒作"国进民退"的目的,是想迫使国有企业退出竞争性领域,迫使公有制经济大面积收缩范围,以使非公有制经济能够占据国民经济的主体地位。这是需要我们认真加以防止的。

第二,公有制经济在各种所有制经济成分中要占主体地位。

这一规定至关重要。因为哪种所有制占主体地位,哪种所有制处于辅助地位,涉及我国社会制度的根本性质,不容颠倒。从人类社会发展史看,原始社会瓦解以来的所有社会形态,都不是单一所有制的社会,都是几种所有制经济成分并存的社会。那么要判断一种社会的性质,从经济上说,就看哪种所有制形式是主体。以资本主义社会为例,除了有资本主义私有制经济以外,还有一些小农经济、个体经济,以及少量的国家所有制经济。之所以说它是资本主义性质的社会,就在于资本主义私有制经济占主体地位。我国虽然存在劳动者个体经济、私营经济、外资经济等多种非公有制经济成分,然而正是由于公有制占主体地位,所以我们是社会主义社会。因此,对于初级阶段我们实行的一些政策,不能做错误解读,比如,我们把非公有制经济作为社会主义市场经济的重要组成部分,不能因此认为我们在所有制结构上不分"老大老二",即不分主体和补充了,公有制与私有制应该平起平坐了,就应该取消公有制的主体地位了。这样的认识是错误的。

所以,在不同社会制度下,不同所有制的地位是不一样的,不可能不分"老大老二",不可能平起平坐,总有一种所有制形式占主体地位,其他所有制形式则处于补充地位。在所有制结构中区分"主体"与"补充"是十分重要的,它决定着社会制度的性质。同样,在我国社会主义初级阶段,各种所有制经济成分不应该是平等的,公有制经济必须是主体,其他经济成分则是补充,其他经济成分的发展不能危及公有制的主体地位,这是涉及社会主义性质的根本原则问题,必须坚持。那种把"公有制经济和非公有制经济都是社会主义市场经济的重要组成部分"解读为不分"老大老二"的观点,那种把两个"毫不动摇"变成只发展非公有制经济的一个"毫不动摇"的做法,那种一讲改革就想到要发展私营经济的定向思维,都是方向性的错误。

1953年中央修正工商税制时有同志提出"公私一律平等纳税"的口号,毛泽东批评说:"'公私一律平等'违背了七届二中全会的决议;修正税制事先没有报告中央,可是找资本家商量了,把资本家看得比党中央还重;这个新税制得到资本家的叫好,是'右倾机会主义'的错误。"①周恩来也指出:"修正税制实施的结果,使税负公重于私,工重于商,打击了工业,特别是落后工业,帮助了私营商业,特别是大批发商,并使市场一度混乱,造成群众不满。这样,就有利于资本主义经济,不利于社会主义经济和半社会主义经济。"②在毛泽东、周恩来看来,公私两种经济成分,一个是社会主义,一个是资本主义,前者是领导成分,后者是被领导成分,这本身就是不平等的,不同性质的经济成分怎么可能笼统地说一律平等呢?

但是,不管是什么所有制性质的企业,在市场经济运行过程中,它们的地位应该是平等的,因为市场规则适用于一切市场主体,所有市场主体在统一的市场规则面前是平等的,不能对一种所有制实行一种规则,对另一种所有制实行

---

① 薄一波:《若干重大决策与事件的回顾》(上卷),中共中央党校出版社,1991,第235页。
② 中国社会科学院、中央档案馆编《1953–1957中华人民共和国经济档案资料选编·财政卷》,中国物价出版社,2000,第485页。

另一种规则。各种所有制经济在市场规则面前的平等地位,与在所有制结构中的不平等地位,是不矛盾的。

我们党始终坚定不移地坚持公有制的主体地位。改革开放的总设计师邓小平就多次强调,坚持公有制为主体是我国社会能够保持社会主义性质的根本原则。他指出:"在改革中坚持社会主义方向,这是一个很重要的问题。社会主义有两个非常重要的方面,一是以公有制为主体,二是不搞两极分化。"①这是他一贯的思想。他说:"一个公有制占主体,一个共同富裕,这是我们所必须坚持的社会主义的根本原则。"②他明确指出:我们允许非公有制经济发展,"但是始终以社会主义公有制为主体"。③非社会主义经济成分只是对社会主义经济的补充。

1992年邓小平在视察南方的谈话中提出了社会主义本质论,即"解放生产力,发展生产力,消灭剥削,消除两极分化,最终达到共同富裕"。④ 从字面上看,没有提公有

---

① 《邓小平文选》第3卷,人民出版社,1993,第138页。
② 《邓小平文选》第3卷,人民出版社,1993,第111页。
③ 《邓小平文选》第3卷,人民出版社,1993,第110页。
④ 《邓小平文选》第3卷,人民出版社,1993,第373页。

制。有人因此认为，邓小平晚年对社会主义的看法改变了，不再坚持公有制为主体了。一些人甚至提出改革就要不问姓"公"姓"私"，要"从公有制的框框中解放出来"，认为中国特色社会主义不需要以公有制为主体，只要实现共同富裕就可以了。这种理解是不对的。首先，不能仅从字面上理解邓小平的五句话，更不能将五句话与邓小平的其他论述割裂开来，孤立地去理解，要把这五句话放到邓小平关于社会主义的一系列论述中去理解，比如在《邓小平文选》三卷中，邓小平多次讲到社会主义有两条根本原则，一是公有制，一是共同富裕。这里共同富裕是目标，公有制是实现这一目标的根本手段。因此，公有制为主体是邓小平关于社会主义本质论这一表述的题中应有之义。就在同一个视察南方的谈话里，邓小平指出特区姓"社"不姓"资"，理由是"公有制是主体"。可见，邓小平是把公有制是否占主体地位作为判断特区是不是社会主义性质的标准的。其次，我们党之所以规定公有制为主体，并不是理论和实践上的惯性，也不是感情上的偏好，而是因为公有制是社会主义的本质属性，离开公有制，根本谈不上什么社会主义。在这个问题上，理论界仍有分歧。但是,如果没有了公有制或者公有制只占很小比例,相应地必然是私有制占统治地位,剥削必然在大范围内存在,资本雇佣劳动的关系必然是整个社会占统治地位的生产关系,财富和贫困必然向两极分化,共同富裕就成了天方夜谭了。在以私有制经济为主体的经济基础之上的,必然是为私有制服务的上层建筑。果真这样的话,自然就是如国外有人说的那样,是"共产党领导下的资本主义"或"中国特色的资本主义"了,因为这样一个社会确实与资本主义社会没有两样了。

因此,只有坚持公有制为主体,才不但适应了生产社会化的发展趋势,而且使人民群众的大多数生活在社会主义的生产关系之中,这种占主体的生产关系保证了分配关系上的按劳分配,这就从所有制上消除了出现两极分化的根源,保证了共同富裕目标的实现。而这种占统治地位的生产关系、经济关系、分配关系的存在,就决定了上层建筑必然是为这种经济基础服务的,才会可能去节制资本、规范剥削。因此,只有公有制为主体,我们这个社会才是社会主义性质的社会。

第三,国有经济要在各种所有制经济中起主导作用。

党的十五大指出:"公有制的主体地位主要体现在:公有资产在社会总资产中占优势;国有经济控制国民经济命脉,对经济发展起主导作用。"①国有经济对整个国民经济的发展起主导作用,这是我国基本经济制度的又一个关键内容。没有国有经济的主导作用,公有制为主体就成为一句空话,我们的基本经济制度也就难以存在。建立和发展国有企业特别是国有大中型企业,首先是由我国社会主义的基本政治制度、基本经济制度决定的,它是我国社会主义经济的重要标志。其次,国有大中型企业是国家财政收入的重要来源和基本保证,是我国经济参与国际竞争、合作、分工的基本力量,是加强和改善国家宏观调控的重要力量,也是建立社会主义市场经济体制的主要内容和重要保证。做大做强做优国有经济,对增强我国经济实力,提高人民生活水平,保证社会稳定,深化改革开放,具有十分重要的作用。只有国有经济强大了,才能进一步体现和发挥社会主义制度在发展社会生产力方面的优越性。因此,坚持国有经济为主导,既是关系到整个国民经济发展的重大经

---

① 《十五大以来重要文献选编》上,人民出版社,2000,第21页。

济问题,也是关系到社会主义制度命运的重大政治问题。在中国特色社会主义经济建设过程中,国有经济和整个公有制经济只能搞好,只能加强,决不能削弱;只能使它们形成新的优势,决不能使它们失去优势。

第四,要鼓励、支持和引导非公有制经济健康发展。

毫不动摇地鼓励、支持和引导非公有制经济健康发展是社会主义初级阶段的一项基本国策。一方面,要大力支持各种非公有制经济在国家法治的范围内充分发展。否定非公有制经济存在和发展的必要性,否定非公有制经济在搞活经济、提供就业、增加税收、技术创新等方面的重要作用,是错误的。另一方面,对非公有制经济只讲鼓励、支持,而不讲引导,也是危险的。因为在社会主义条件下,非公有制经济的作用具有两重性:首先,非公有制经济对经济发展具有积极作用,因此我们必须鼓励和支持它们发展。其次,私营经济和外资经济还存在雇佣关系和一定程度的剥削关系,这同社会主义的本质是有矛盾的,因而必须加以引导,以便使它的发展能够符合社会主义社会的需要。这就是我们为什么对非公有制经济不仅要鼓励、支持,还要加以引导的道理。如果只讲鼓励、支持,忽视引导,就会激化非公有制经济同社会主义的矛盾,从而不利于中国特色社会主义事业。

自社会主义初级阶段基本经济制度确立以来,我们党对这一制度的内涵和要求始终是清晰和鲜明的。党的十八届三中全会再一次阐述并全面地规定了我国基本经济制度的内涵以及坚持和完善基本经济制度的主要要求和措施。全会强调:"坚持和完善公有制为主体、多种所有制经济共同发展的基本经济制度,关系巩固和发展中国特色社会主义制度的重要支柱。"全会明确规定"必须毫不动摇巩固和发展公有制经济,坚持公有制主体地位,发挥国有经济主导作用,不断增强国有经济活力、控制力、影响力"。同时"从多个层面提出鼓励、支持、引导非公有制经济发展,激发非公有制经济活力和创造力的改革举措"。[①] 这些清晰明确的要求和精神要在改革过程中切实贯彻落实。

---

① 习近平:《关于〈中共中央关于全面深化改革若干重大问题的决定〉的说明》,《人民日报》2013年11月16日。

四 对公有制和国有经济一些错误认识的评析

改革开放以来,围绕着基本经济制度,学界有很多争论,特别是在要不要坚持公有制为主体和要不要发展壮大国有经济的问题上,争论中出现了一些值得认真回答的模糊认识和错误观点。有的观点认为,现在公有制经济在事实上已经不占主体地位了,因此应该修改宪法,用法律的形式把民营经济为主体的事实确立下来,实行"国有经济为主导、民营经济为主体、外资经济为辅助"的所有制结构。有的观点认为,我国已经放弃计划经济的运行机制,实行市场经济体制了,而公有制与市场经济是不相融合的,因此应当采取"国退民进"的政策,让公有制"退"出主体地位,由私营经济"进"占主体地位。有的观点错误地理解"垄断"的概念,简单地把国有企业斥为垄断企业,把国有企业具有垄断地位说成是不正当竞争,把国有企业的发展壮大说成是"与民争利"。有的观点把我国社会主义性质的国有企业与西方资本主义国家的国有企业相提并论,套用西方资本主义国家国有企业的地位、作用和比重来评说我国国有企业的改革,要求我国的国有企业退出竞争性领域,等等。在这种社会舆论氛围下,国有经济的存在和发展似乎陷入两难境地:国有企业出现这样那样的困难,有人就说是"没有效率",应该取消;国有企业发展壮大了,经济效益提高了,有人就说是"与民争利",也应该退出。在一些人看来,私有化是国有企业唯一的出路。这样的舆论氛围对于坚持公有制为主体、国有经济为主导,是十分不利的。这些模糊认识和错误认识,涉及的是我国社会主义前途命运的重大原则问题,应该从理论上加以澄清,分清是非。

(一)关于公有制(国有经济)与市场经济能否相容的问题

有一种认识认为,市场经济从诞生的那天起,就是与私有制紧密结合在一起的,而公有制是与计划经济紧密结合在一起的;公有制是同市场经济不相容的,在公有制基础上不可能建立市场经济体制。因此,要实行市场经济,必须先推行私有化。言外之意,社会主义不能搞市场经济,要搞市场经济,只能是资本主义市场经济。比如有人断言"国有企业不能构成市场经济的主体",把国有经济与市场经济的结合称为"悖论",提出改革必须走出"悖论",结论是,按照市场经济的根本要求,改革的出路只能是非国有化。而"非国有化",就是私有化的同义语。据说有人还提出,"市场经济增长一分,国有经济就萎缩一分;市场经济建立之时,就是国有经济消亡之日"。这就把国有经济同市场经济完全对立了起来。

确实,在改革开放以前,传统的观念认为,计划经济、市场经济属于社会基本制度的范畴,计划经济是社会主义经济的本质特征,市场经济是资本主义经济的本质特征,仿佛市场的作用多了,就会走资本主义道路。从历史上看,市场经济确实一直是与私有制结合在一起的,而以前社会主义发展的历史又都是公有制同计划经济相结合的,因而容易造成"公有制能不能同市场经济相容"的疑问。邓小平的一个重要贡献,就是突破了把计划经济和市场经济当作社会基本制度的范畴,提出计划经济和市场经济都是发展生产的方法,都是调节经济的手段,资本主义可以用市场经济,社会主义也可以用市场经济。这就是说,社会主义同市场经济不仅不存在根本矛盾,还可以把公有制的优越性与市场经济对资源配置的有效性充分结合起来。应该说,社会主义市场经济体制,是中国共产党人的一个重大创造。

那么,市场经济对市场主体究竟有什么样的要求,而公有制企业能否满足这些要求,进而与市场经济有效地结合起来呢?市场经济对市场主体有一个基本的要求,即进入市场的主体是独立的,拥有自主的经营决策权,并能够根据本身的利益对市场信号自主地做出反应。在市场经济条件下,企业生产什么、生产多少、怎样生产,不是由国家规定的,而是由企业从自身的经济利益出发,根据市场上商品供求关系,自主地做出经营决策。各种生产要素(包括生产资料、劳动力、技术等)都通过市场进行配置。在市场经济这种运行机制中发挥作用的是价值规律、竞争规律、供求规律。私有制是符合这些条件和要求的,历史上市场经济一直也是与私有制结合在一起的。而历史上的社会主义国家,包括苏联和改革开放以前的中国,由于受国际国内形势的制约和人们思想认识上的局限,实行的都是计划经济体制,而且是高度集中的计划经济体制。在这种体制下,国有企业一直采取"国家所有、国家直接经营、统负盈亏"的形式。在生产上,企业生产什么、生产多少,由国家下达指令性计划加以规定,生产上需要的物资都由国家按照计划进行调拨,生产出来的产品由国家统一包销,生产所需要的资金由国家拨给,企业的利润基本上交国家,企业亏损了则由国家补贴。在这样一种经济运行体制下,企业没有经营自主权,也没有独立的经济利益,一切生产经营活动都与市场无关。公有制如果是这样的一种运行方式和运行机制,那么显然,它与市场经济肯定是不相容的。

我们在社会主义实践的探索中逐渐认识到,公有制在经济上是可以有不同实现形式的,在计划经济体制下的实现形式与在市场经济体制下的实现形式是有很大不同的。我们不能因为公有制在计划经济体制下表现出了与市场经济体制不相吻合的某些特质,就得出公有制本身不能与市场经济相结合这样绝对性的结论。只要按照市场经济的要求,对原有的公有制实现形式进行改革,在坚持公有制的前提下,赋予企业经营自主权,使企业作为独立的商品生产者出现在市场上,公有制企业是可以成为市场经济的合格主体的。这里,改变的只是公有制的具体实现形式,以适应市场经济运行的需要,绝不是说要取消公有制。应该说,市场经济本身并不必然排斥公有制,只要是独立的市场主体,都可以在市场经济体制下运行,与市场主体的所有制属性没有关系。也就是说,市场经济既可以与私有制相结合,也可以与公有制相结合。

我们党在改革开放以后,一直在探索公有制的新的实现方式和运行方式。党的十二届三中全会做出的《中共中央关于经济体制改革的决定》分析了我国高度集中的计划经济体制的弊端,就是"没有触及赋予企业自主权这个要害问题"。《决定》认为,"如果全民所有制的各种企业都由国家机构直接经营和管理,那就不可避免地会产生严重的主观主义和官僚主义,压抑企业的生机和活力"。"过去国家对企业管得太多太死的一个重要原因,就是把全民所有同国家机构直接经营企业混为一谈。根据马克思主义的理论和社会主义的实践,所有权同经营权是可以适当分开的。"[1]决定把"增强企业的活力,特别是增强全民所有制的大、中型企业的活力",作为"以城市

---

[1] 《十二大以来重要文献选编》中,人民出版社,1986,第565页。

为重点的整个经济体制改革的中心环节"①,提出国家所有,企业自主经营、自负盈亏的经营方针,在坚持生产资料归国家所有的前提下,"企业有权选择灵活多样的经营方式,有权安排自己的产供销活动,有权拥有和支配自留资金,有权依照规定自行任免、聘用和选举本企业的工作人员,有权自行决定用工办法和工资奖励方式,有权在国家允许的范围内确定本企业产品的价格,等等。总之,要使企业真正成为相对独立的经济实体,成为自主经营、自负盈亏的社会主义商品生产者和经营者,具有自我改造和自我发展的能力,成为具有一定权利和义务的法人。"②党的十四大提出建立社会主义市场经济体制以来,我国国有企业按照社会主义市场经济运行体制的要求进行了一系列改革,在市场经济的环境中发展越来越快,经济效益日益提高。2015年8月24日通过的《中共中央、国务院关于深化国有企业改革的指导意见》将国有企业的市场主体地位再次予以确立。《意见》指出,"国有企业改革

---

① 《十二大以来重要文献选编》中,人民出版社,1986,第564~565页。
② 《十二大以来重要文献选编》中,人民出版社,1986,第565页。

要遵循市场经济规律和企业发展规律,坚持政企分开、政资分开、所有权与经营权分离","使国有企业真正成为依法自主经营、自负盈亏、自担风险、自我约束、自我发展的独立市场主体"。① 事实已经证明,公有制是可以同市场经济相结合的。

认为公有制与市场经济不能相容的观点里,还有一种看法,认为公有制特别是全民所有制企业的产权不清,公有制听起来是"人人皆有",实际上是"人人皆无",而市场经济条件下的市场主体需要的是"看得见摸得着"的产权。在这种观点看来,只有个人所有的私有产权才是清晰的,才是符合市场经济主体需要的。因此,一些人也把十四届三中全会提出的要求国有企业"建立适应市场经济要求、产权清晰、权责明确、政企分开、管理科学的现代企业制度"的思路,说成是国有企业私有化的思路。在这种观点看来,只要不是私有,产权就是不清晰的。这是一种非常偏狭的看法。我们知道,产权并不是特指财产的

---

① 《中共中央、国务院关于深化国有企业改革的指导意见》,《光明日报》2015 年 9 月 14 日。

所有权,而是指与财产所有权密切相关的一系列权利,包括财产的所有权,财产的经营权即使用权、支配权,财产的收益权以及财产的处置权等。其中财产的所有权是其他一切财产权利的前提和根本,在所有财产权中处于决定性的地位,其他权利都是由所有权派生出来的权利,具有从属性。从财产所有权的角度看,公有制企业的产权从来就是清晰的,没有歧义的。生产资料全民所有制企业的财产所有权属于全体人民,即属于国家所有,国务院代表国家统一行使对企业财产的所有权;生产资料集体所有制企业的财产归集体成员共同所有。从企业经营权的角度看,我国的公有制企业一度没有处理好所有权与经营权的关系,没有很好地落实企业对公有财产的经营权即使用权和支配权等。如果说存在产权不清的问题,那也是在具体的经营权方面,而且是在实行市场经济运行体制之前。从1984年我国改革的重心从农村转向城市以后,我们党就开始着手对公有制企业如何适应商品经济的要求进行改革了。在前述提到的《中共中央关于经济体制改革的决定》中,确立了一系列企业经营自主权。这些改革思路,既坚持了全民所有制的性质,又确立了符合社会主义市场经济要求的产权关系。十二届三中全会以来的30多年,我国国有企业的改革正是按照这一思路进行的。因此,不能按照西方新自由主义产权经济学的理论作为分析评判我国国有企业的产权是否清晰的标准。

(二)关于国有经济的控制力与国有企业的垄断问题

国有经济在我国国民经济中居于主导地位,是党和国家发展的重要物质基础和政治基础。我们提出,要做大做强做优国有企业,不断增强国有经济的控制力、影响力、抗风险能力,要培育一大批具有创新能力和国际竞争力的国有骨干企业。这是社会主义国有企业在推动我国经济健康发展、完善和发展中国特色社会主义制度、巩固党的执政基础、实现中华民族伟大复兴中国梦的过程中肩负的重大历史使命和责任。然而,无论学界还是社会上的普通民众,对做大做强做优国有企业,对国有企业在国民经济中控制力、影响力的不断增强有很多误解。一些人认为,只要国有企业做大做强了,就是垄断;只要是垄断,就是不好的,就是与民争利。有的人以反垄断的名义,要求"国退民进",还"利"于民。

这里首先需要明确回答的一个问题是,能不能笼统地说垄断就不好,能不能简单地、不加分析地把国有企业称为"垄断"进而加以反对。我国2008年8月1日开始实施的《中华人民共和国反垄断法》明确区分了企业的"垄断地位"和"垄断行为"。企业的垄断地位指的是,经营者通过公平竞争、自愿联合,依法实施集中,扩大经营规模,提高市场竞争能力,从而获得一种市场的支配地位。这是一种企业对经济资源占有的垄断,这是市场经济发展的必然结果和客观存在。而企业的垄断行为指的是,具有市场支配地位的经营者,滥用市场支配地位,排除、限制竞争,任意抬价、压价,损害消费者利益。比如,我国《反垄断法》明确规定,禁止经营者利用支配地位达成以下排除、限制竞争的垄断协议:固定或者变更商品价格,限制商品的生产数量或者销售数量,分割销售市场或者原材料采购市场,限制购买新技术、新设备或者限制开发新技术、新产品,联合抵制交易等。

可见,垄断地位和垄断行为是两个不同的概念。我国的《反垄断法》并不反对经营者具有垄断地位即具有市场支配地位,反对的是经营者滥用垄断地位即市场支配地位的垄断行为。也就是说,我们要反对的"垄断",并非指大企业的控制力,而是指利用控制地位谋取不正当的利益,最常见的就是操纵价格,从中获取垄断高额利润。因此,《反垄断法》是为了预防和制止垄断行为,保护市场公平竞争,维护消费者利益和社会公共利益,促进社会主义市场经济健康发展而制定的,并不是说凡是具有垄断地位的大型、特大型企业都必然地会做出妨碍市场公平竞争的垄断行为。当然,由于具有市场支配地位企业的特殊性,这类企业通常会受到反垄断执法部门的密切关注,以防止其滥用市场支配地位,破坏公平竞争的市场环境。需要指出的是,即使在西方国家,"反垄断"也不是反对跨国企业做大做强并在市场上取得支配地位,更不是要消灭大企业,而是反对大企业在市场上的垄断行为。前些年媒体上传言美国以微软公司涉嫌垄断行为,提出要肢解微软。后来美国国会以"维护国家利益"的大局为重,对微软免于处罚。可见,在跨国企业林立的美国,"反垄断"反的也是垄断行为,而不是垄断地位!因此,不能把垄断与竞争绝对对立起来,因为垄断并不必然排斥竞争。

在市场经济条件下,经营效益好的企业会不断地扩大生产规模,或者与其他企业进行合并,从而使生产出现一定程度的集中,产生一些大型、特大型的巨无霸企业,使这些企业在相关领域相关行业取得一定的市场支配地位,这是价值规律、竞争规律作用下"大鱼吃小鱼"的正常现象,是市场竞争所不可避免的客观结果,也是生产社会化的必然要求,也符合生产力发展的要求。问题是,既然市场经济必然产生生产的集中,必然会出现居于垄断地位的大企业,不是国内企业垄断就是国外企业垄断,不是国有企业垄断就是民营企业垄断,那么我们更乐见什么样的企业垄断呢?

在经济全球化条件下,国内企业面临日益激烈的国际竞争。毋庸讳言,面对西方发达国家特别是掌握核心技术、拥有国际知名品牌、具有先进管理模式和丰富资本运作经验的西方跨国企业,我国的绝大部分企业无论从规模、资产、技术方面,还是管理、运作方面,都处于相对弱势的地位。在这样一种态势下,如果我们无所作为,任由市场竞争自然淘汰,那么可以想见,在我国经济的各个领域各个行业,会到处可见西方跨国企业的身影,它们会占据各领域各行业的市场支配地位。毫无疑问,在资本逻辑的支配下,它们会不加犹豫地利用这种支配地位,残酷打压我国的民族企业发展壮大,国内企业会沦为西方国家的附庸。《瞭望新闻周刊》2006年第51期刊发的一篇题为《利用外资八思》的文章披露:"在中国已开放的产业中,每个产业排名前5位的企业几乎都由外资控制:中国28个主要产业中,外资在21个产业中拥有多数资产控制权。玻璃行业、电梯生产厂家,已经由外商控股;18家国家级定点家电企业中,11家与外商合资;化妆品行业被150家外资企业控制;20%的医药企业在外资手中。据国家工商总局调查,电脑操作系统、软包装产品、感光材料、子午线轮胎、手机等行业,外资均占有绝对垄断地位。而在轻工、化工、医药、机械、电子等行业,外资公司的产品已占据1/3以上的市场份额。"果真如此的话,形势真的很严峻,况且这已是近10年前的描述了,现在的情况是有所好转了还是进一步恶化了呢?不管怎样,从国家利益角度,我们非常希望看到国内的各类企业,无论是国有企业,还是民营企业,能够在国民经济的各个领域、各个行业,都出现一些能够与西方跨国企业相抗衡的大型企业,否则,国家的经济命脉就会被西方所掌控,国家的经济主权就会旁落,进而危及我们的政治主权。

同时,我国是社会主义国家。马克思主义告诉我们,经济基础决定上层建筑。我们鼓励、支持包括民营经济在内的非公经济发展,是有一定前提的,那就是不能喧宾夺主,冲击和危及公有制的主体地位,因为非公经济只是社会主义初级阶段公有制经济的补充,是生产力发展水平不平衡的一定历史阶段的"暂时"需要。如果忘记这一点,单纯地强调各种所有制的所谓平等地位,不加限制地一味扶持它们在各个行业做大做强,居于支配地位,那么后果是,在资本无限度地追逐剩余价值的推动下,必然导致两极分化,也必然导致生产的社会性与生产资料私人占有之间的矛盾尖锐化,阻碍生产力的发展,激化社会矛盾。同时,也必然侵蚀社会主义的根基。因此,要巩固国家的社会主义性质,首要的就是要不断巩固和壮大社会主义的经济基础。

前面已经说过,社会主义的国有企业是社会主义制度的物质基础,是共产党执政的经济基础,是全体人民共同富裕的物质基础。社会主义的上层建筑就应该为自己的经济基础服务,这是符合唯物史观基本原理的,无须讳言,一点也没有输理的地方。基于此,我国才旗帜鲜明地提出要以公有制为主体,旗帜鲜明地强调国有经济要在国民经济中发挥主导作用,旗帜鲜明地要求国有企业要做大做强做优。改革开放以来,我们围绕如何发挥国有经济的主导作用、如何做大做强做优国有企业,采取了一系列改革措施,取得了明显成效。目前我国已经出现了许多具有明显国际竞争力的大型国企,它们在许多领域、许多行业具有明显的市场支配地位,控制力、影响力日益增强,确保了公有制的主体地位。因此,从社会主义制度的巩固和发展角度,我们希望在涉及国计民生和国民经济命脉的关键领域,更多地居于市场支配地位的企业是国有企业,而不是外资企业或民营企业。正因如此,我国《反垄断法》对国有企业正当合法地取得市场垄断地位是予以鼓励的,其中规定:"国有经济占控制地位的关系国民经济命脉和国家安全的行业以及依法实行专营专卖的行业,国家对其经营者的合法经营活动予以保护。"

实际上,党的十五大报告中所说的"国有经济控制国民经济命脉,对经济发展起主导作用""对关系国民经济命脉的重要行业和关键领域,国有经济必须占支配地位",都是要求国有经济在这些领域这些行业里,无论从资源占有上还是市场占有率上,都要占有优势,都要占据垄断或支配地位。比如电信、电网、金融、石化、铁路等行业,由于关系国计民生和国家安全的命脉,必须在这些领域建立起能占支配或主导地位的国有企业或垄断性的国有企业,才能充分保证国家对宏观经济调控作用的发挥,保证国民经济持续、稳定、快速发展,保证国家充分享有独立自主的主权。同时,上述这些领域和行业都具有自然垄断的特殊性,它们生产的产品或服务在一定程度上还具有公共产品的性质,这种产品一般也只能由国家进行垄断生产和供给。对这些具有自然垄断和公共产品性质的行业,世界各发达国家一般也都实行垄断经营。如果我们不让国有经济垄断,也必然会有私营企业、外资企业去垄断经营。

因此,我们不能把国有经济的控制力当作垄断行为加以谴责,不能不加分析地把超大型国有企业一股脑地当作"垄断行为企业"去反。如果我们现有的近百家超大型航空母舰式的国有企业被肢解成无数个小舢板式的中小企业,那么我们就无法经受国际市场竞争大风大浪的考验,而且国有经济就会因此失去控制力,公有制的主体地位也就无从保障。

我们大力发展国有企业,做大做强国有企业,使国有企业在市场行为中处于垄断地位,会不会出现所谓的"与民争利"呢?伴随着国有企业改革进程,一直有这样的议论。有些反对国有经济、主张"国退民进"的人经常发出"发展国有企业就是'与民争利'"的议论。我们要弄清楚一个概念,就是我们讲的国有企业,它的全称是生产资料全民所有制企业。我们是社会主义国家,我们的政权是人民当家做主的政权,国家代表全体人民组建全民所有制企业来进行经营。国有企业的生产资料是属于全体人民的,国有企业的生产也是为全体人民服务的,国有企业的一切经营活动都是直接或间接地为了满足人民群众的物质文化需要。当然,在市场经济条件下,国有企业作为独立的市场主体,是自主经营、自负盈亏的经济实体,经营上需要独立核算。只是因为在市场经济条件下市场主体的独立性特征,从表面上看似乎国有企业具有自己独立的利益,实际上企业经营获得的利润,最终也属于全体人民所有。国家提出的用部分国有资产充实社保基金的做法,就是国有企业全民所有制性质的一个具体体现。即使在人们议论较多的油价、电价、水价、运价等产品价格上,虽然国有企业在这些领域对市场有控制力,但产品的定价都是由国家主管部门广泛征求群众意见后确定的。因此,从本质上说,全民所有制的国有企业与全体人民的根本利益是一致的、不矛盾的,它的发展壮大不仅不是"与民争利",相反,是在"与民谋利"。当然,国有企业在管理上、经营上还有一些不容忽视的问题,比如企业管理人员腐败的问题,企业经营不规范的问题,企业内部法人治理结构不健全的问题,也不排除个别国有企业单位自身利益固化,滥用市场支配地位,有"店大欺客"的现象,等等。但是这些问题正是需要通过改革去解决的问题,这些问题也都是能够解决的问题,不能因为国有企业存在这样那样的问题,就把它说得一无是处,甚至一棍子打死。如果不加分析地指责国有企业,片面夸大国有企业经营过程中出现的问题,甚至无视社会主义国有企业的性质,人为制造国有企业与人民大众的对立,在这样的舆论氛围下,国有企业怎么能搞得好呢?弄得不好会削弱以至于消灭社会主义的经济基础。这是需要我们竭力防止的。

其实,在市场经济条件下,不同市场主体间的相互竞争就是一种"争利行为"。资金雄厚、管理科学、注重科技创新和产品质量的企业,其个别劳动耗费低于社会必要劳动耗费,企业效益就好,就会"争"得更多的"利",从而得到更大发展;反之,企业效益就不好,就会"争"得较少的"利"甚至"争"不到"利"从而不断萎缩甚至破产。这是市场的规律。在市场竞争中优胜劣汰,"大鱼吃小鱼,小鱼吃虾米"现象是常态。如果说,"与民争利"中的"民"指的是"民营企业",那么国有企业的发展确实是在"与民争利",不仅与民营企业"争利",还与外资企业"争利",一定意义上也与其他国有企业"争利"。同时,民营企业和外资企业也在与国有企业"争利",不同的民营企业之间、不同的外资企业之间也在相互"争利"。这些"争利"行为都是正常的市场行为,无可指责。我们也鼓励各种所有制企业在统一规范的市场规则下合法的"争利"行为,但是不能单向度地说,国有企业盈利就是在"与民争利",民营企业盈利甚至外资企业盈利就不是"与民争利"。只准民营企业、外资企业"争利"发展、不准国有企业"争利"发展的说法,是不符合市场经济规则的,也是违背我国基本经济制度的。

实际上,指责国有企业垄断妨碍了私营企业的发展、国有企业与民争利,也是不符合实际情况的。因为民营企业主要分布在非垄断性行业的竞争性领域。经过20世纪国有企业改制过程中的大规模破产和"抓大放小"之后,这些领域的国有企业已经所剩无几。在这些领域中处于垄断地位的主要是外资企业,因而在市场竞争中,私营企业面对的主要竞争对手是外资企业。另外,国有企业主要分布在关系国计民生和国家安全的命脉部门和关键领域,而民营企业主要分布于一般竞争性领域,二者其实没有什么相互争利的问题。相反,二者有着紧密的相互依赖的关系。因为国有企业往往是大型、特大型企业,民营企业多为中小型企业,大型企业要提高竞争力需要专业化生产,因此就不能"大而全",需要充分利用社会分工,由中小型企业为其生产零部件配套产品,或者进行局部组装。可见,它们之间更多的是一种相互依存、相互补充的合作关系,根本上不存在国有企业排斥民营企业的问题。

需要指出的是,在各种所有制企业中,如果说存在"与民争利"即与劳动人民"争利"的话,恰恰是民营企业和外资企业在"与民争利"。我们知道,民营企业是以民营企业主私人占有生产资料为基础的企业,外资企业更是以资本家私人占有生产资料为基础的企业,它们都是资本雇佣劳动的生产方式并以占有工人创造的剩余价值为目的的经济成分,资本的本性使这些非公企业的生产目的就是获得最大限度的利润。这是马克思在《资本论》中深刻阐明了的。当然,在社会主义初级阶段的中国,我们需要大力发展包括民营经济和外资经济在内的各种非公有制经济,允许资本雇佣劳动生产方式一定范围的存在,允许剥削在一定程度上存在,当然也允许它们存在一定程度的"与民争利",但是这种"与民争利"是在国家允许的范围和程度之内的。而且,因为我们是社会主义国家,在所有制结构中,公有制占主体地位,国有经济发挥主导作用,加上党的领导和社会主义制度,这都使我国私营经济的经营环境同资本主义国家相比发生了很大变化,私营企业主也因此成为中国特色社会主义事业的建设者。但是,民营企业的所有制性质没有改变,民营企业追逐剩余价值的本质和冲动没有改变。应该说,民营企业在社会主义初级阶段具有双重性,一方面适应我国生产力发展水平的状况,具有发展生产力的积极作用,另一方面又存在与社会主义本质要求相抵触的因素。因此,我们对非公经济的政策是既鼓励和支持,又限制和引导,其中就包括对它们"与民争利"一定程度的节制与规范,否则,任由资本本性发展下去,必然出现财富在资本一边积累、贫困在劳动一边积累的两极分化,也必然会激化劳资矛盾,加剧劳资对立。因此,不能回避非公经济的两重性,特别不能不加限制地任由其"与民争利"。如何最大限度地发挥非公经济的积极作用,最大限度地克服其消极面,这是我们坚持初级阶段基本经济制度需要认真对待的问题。

(三)关于国有企业能否退出一切竞争性领域

长时间以来,在国有企业改革过程中,一直有一种主张,就是比照资本主义国家国有企业的地位和作用,削足适履,要求我国的国有经济缩小存在范围,使其仅仅作为矫正市场失灵的工具,主要承担弥补市场机制不足的功能,而仅仅存在于公共物品生产领域、自然垄断行业和其他私人企业无力或不愿进入的领域。因此,要求我国的国有企业退出一切竞争性领域。换句话说,要求国有企业退到不赚钱的领域,把赚钱的领域让给民营企业和外资企业。这种参照西方标准、主张我国国有企业降低比重、退出竞争性领域的典型代表,是 2012 年党的十八大召开前,世界银行抛出的所谓《世行报告》。[①] 因提出国有企业私有化的主张和建议,该报告又被不少人称为"世行私有化报告"。报告提出,国有经济在工业总产值中的比重要从 2010 年的 27% 的水平,降到 2030 年的 10%。报告说,国有经济在关键经济部门继续保持支配地位,会成为提高生产率、创新和创造力的制约因素,因此政策重点需要进一步转向发展民营部门,让市场与民营部门在资源配置决策中发挥更大的作用;"作为一种公共资源的国有资本,应当主要或完全用于提供公共产品"。因此,报告建议,要加快推进国有企业股权的证券化和可交易性,

---

① 见《世行报告:2030 年的中国》,百度文库,http://wenku.baidu.com/link? url = AIZarodqu17ETvzoJwuKvBcIh3QpDNVnHiJWaG_tmPMFZXSjVXeyjHbxMFePkJQiT3xZthPTDUGwO2mkEnjIys4BUCBNuHltR5s1OsfjxXy。

让国有资本逐步退出非公共产品领域,即退出竞争性领域。上述这个世行的私有化报告,反映了国外大资本的意愿和呼声,也反映了国内一些人在国有企业改革问题上的态度。在这个问题上,需要我们在以下几个方面取得共识。

第一,我国是社会主义国家,社会主义国家国有经济的性质和地位,决定了在所有制的比重上不能照搬西方资本主义国家。在资本主义国家,生产资料资本家私人所有制是绝对的主体,是支撑整个资本主义经济制度、政治制度、社会制度的物质基础。这是资本主义制度的性质所决定的。因此,在资本主义制度下,本来就没有给国有经济留出更多的发展空间。之所以还需要有少量的国有企业,只是为了弥补市场机制在经济运行中的缺陷,让它在市场经济失灵的地方发挥作用,因此它只是资本主义私有制的补充,其范围仅仅被局限于公共产品领域,这些领域都是非竞争性领域、不赚钱的领域。需要指出的是,在生产资料资本主义私有制占绝对统治地位的条件下,即使这少量的国有企业,从性质上说也是服务于资本主义私有制的。而在社会主义中国,生产资料全民所有制是公有制的主要形式,国有经济的存在及其在国民经济发展中的主导作用是公有制主体地位的核心,它决定了整个社会的社会主义性质。因此,我国的国有经济是共产党执政的经济基础、全面建设小康社会的经济支柱和调控整个国民经济的主要经济力量。我国国有经济的社会主义属性和本质要求,决定了它在各种所有制中的地位,决定了它应该存在的范围,决定了它应该发挥什么样的作用。国有经济在社会主义国家所担负的历史使命,决定了不能简单套用资本主义国家国有经济的做法。我国社会主义的国有经济不像在资本主义制度下那样,主要从事私有企业不愿意经营的部门,补充私人企业和市场机制的不足,而是为了实现国民经济的持续稳定协调发展,为了巩固和完善社会主义经济政治文化制度。因此,国有经济应在能源、交通、通信、金融等关系国民经济命脉的重要行业和关键领域有"绝对的控制力"或"较强的控制力"。我国作为一个社会主义大国,国有经济的数量底线,不能以资本主义国家私有化的"国际经验"为依据。确定国有经济的比重,理应包括保障、实现和发展社会公平和社会稳定的内容,所以国家对国有经济控制力的范围要比资本主义国家大得多。公有制的主体地位要靠发展来坚持,其他经济成分都在发展,公有制经济如果不发展,比重就会越来越少,主体地位迟早会丧失。

第二,国有经济在哪些领域"进"、"进"多少,哪些领域"退"、"退"多少,从根本上取决于是否有利于坚持公有制为主体、国有经济为主导、多种所有制经济共同发展的基本经济制度,而不应当为国有企业的发展划定范围,只能在提供公共产品领域即自然垄断性、非营利性(公益性)等非竞争性领域发展,只能在市场配置资源失灵的领域发展,不能在竞争性领域发展。2009年全国第二次经济普查资料①显示:2008年末,在全国二、三产业中企业总资产为207.8万亿元,其中公有制企业资产仅占32.8%,而其中的国有企业的资产占比更少,只占30%。这说明公有经济的资产在量上已不占优势。因此,对处于竞争性领域的国有经济,从根本上说不应是退出或削

---

① 《第二次全国经济普查主要数据公报(完整版)》,百度文库,http://wenku.baidu.com/link?url = 7SFcS9ySksJjojBkdiX68CTYAb_zP0m6Mf415K0oNx9x - T4eRhplA8 - wTr1NUT6Yi5AY8BdliTr627tvscmEUDepllzrb5_5wHfS7L_eQiy。

弱,而应坚持巩固发展壮大的方针。

这里需要指出的是,在经济全球化深入发展和日益激烈的国际竞争中,所谓公共产品和服务领域与竞争性领域的界限已然难以分清,我们很难说哪些领域不是竞争性领域,我们在各个领域都受到来自西方跨国资本的激烈竞争,就连电力、交通、金融、外贸、航天等传统上认为是非竞争性的"垄断行业",随着对外开放的不断深化,现在也不同程度上存在着竞争。可以说,迄今为止,非竞争性领域已是屈指可数。从我国作为经济实体最主要部分的工业领域来看,资料显示,有95%的行业都是竞争性较强的行业。如果国有经济完全退出竞争性领域,就等于取消了所有国有工业企业,让国有经济从市场上消失,这不仅使公有经济的主体地位进一步丧失,所谓国有经济的影响力、控制力和主导作用也都将无从谈起。

第三,竞争性领域是受市场竞争优胜劣汰规律支配的,其中一些国有企业不是绝对不能退出。我们提出对国有经济进行战略性调整,坚持有所为有所不为、有进有退的方针,总的目的是要搞好国有企业,壮大国有经济,针对的是国有经济布局和国有企业组织结构不合理的问题,比如国有经济分布过宽,战线过长,各行各业无所不包,力量过于分散,整体素质不高等。再比如,国有经济重复建设严重,企业大而全、小而全,没有形成专业化生产、社会化协作体系和规模经济,缺乏市场应变能力等。在这种情况下,要把所有国有企业都搞活搞好是根本不可能的,也是不必要的。所以,中央要求对国有经济布局进行战略性调整,对国有企业实施战略性改组,这是非常正确的。从力图搞好每一个国有企业,到有所为有所不为,这是国有企业改革和发展在理论上、实践上和工作指导上的一大转变,也是搞好搞活国有经济的战略性部署。因此,对于经营不善、长期亏损、难以为继的国企,就可通过破产、转让、兼并等形式让其退出市场。但是这种退出是市场竞争的自然结果,而不应人为主观决定。让发展得很好、具有竞争力的国有企业为民间资本和外资腾出空间,这是违反客观经济规律的,必将破坏市场机制作用的正常发挥和市场公平竞争原则,因而不利于社会资源的最优配置和社会经济的健康发展。

第四,国有企业退出竞争性领域的后果。前面说过,在日益激烈的国际竞争中,不存在竞争的领域和行业已所剩无几,工业领域中绝大多数行业都是竞争性较强的行业,如果按照国内外一些主张,让我国的国有企业退出竞争性领域,将会出现怎样的后果呢?首先,会从根本上摧毁社会主义的经济基础。公有制是社会主义的经济基础,是党的执政之基、劳动人民安身立命之所,而国有经济则是公有经济中最重要的组成部分和主导力量。在我国国有经济中的100多个大型、特大型中央企业又是最重要的部分,企业数目虽然较少,但规模很大,其资产占据全部国有企业资产近一半,是国民经济的脊梁。国有企业通过私有化退出竞争性领域,将使公有制经济的比重大幅降低,失去主体地位,从而根本改变我国的社会性质。其次,会为西方跨国资本控制我国国民经济命脉铺平道路。对于铁路、电信、电网、石化等大型国有企业,由于规模庞大,即使退出,取而代之的也不大可能是国内民营企业,一定是西方跨国公司。看不到这一点,一味主张"国退民进",一味主张所谓"打破垄断""放宽准入",想当然地以为国企退出后国内民营经济会赢得更大发展空间,殊不知,没有了国有企业的主导和控制力,外资企业就会畅通无阻地进入和控制我国的国民经济命脉部门。

这不仅将会使我国进一步丧失独立自主的经济主权,而且还会危及国家政治、文化甚至军事安全。

实际上,经过新中国60多年特别是改革开放以来30多年的快速发展,我国国有企业的国际竞争力已经今非昔比,特别是央企,以其特有的资本雄厚、技术先进、规模庞大和现代化经营管理的优势,国际竞争能力快速增长。截至2011年,我国内地企业有57家进入世界500强,其中有53家是国有和国有控股企业。加上香港地区的4家及台湾地区的8家,2011年我国共有69家企业进入世界500强,已超过日本(68家),成为仅次于美国(133家)的全球第二大世界500强企业上榜国家。中国国有企业已经成为西方跨国资本在中国乃至全球寻求垄断的重要阻力。正如《华尔街日报》2012年2月3日发表的《美国打击目标对准中国企业》一文说的那样,中国国有企业"不仅在中国,也在全球竞争中正对美国公司造成沉重打击"。可见,如果国有企业在发展势头良好的情况下无端退出,最大的赢家只能是外资。

第五,在国有企业改革的问题上,我们党从来没有提出过不加区别地让国有经济退出一切竞争性领域。十五大报告指出:"要从战略上调整国有经济布局。对关系国民经济命脉的重要行业和关键领域,国有经济必须占支配地位。在其他领域,可以通过资产重组和结构调整,以加强重点,提高国有资产的整体质量。"①这里,不是用竞争性领域和非竞争性领域来指导国有经济的进退,而是用"重要行业"和"关键领域"来表述,而"重要行业"和"关键领域"中既有非竞争性领域,也有竞争性领域。专门研究国有企业改革的十五届四中全会更是明确规定:"国有经济需要控制的行业和领域主要包括:涉及国家安全的行业,自然垄断的行业,提供重要公共产品和服务的行业,以及支柱产业和高新技术产业中的重要骨干企业。其他行业和领域,可以通过资产重组和结构调整,集中力量,加强重点,提高国有经济的整体素质。"②这里,虽然强调国有经济要在自然垄断行业、提供重要公共产品和服务的行业具有控制力,但是同时也强调要在支柱产业和高新技术产业具有控制力。十五届四中全会还具体规

---

① 《十五大以来重要文献选编》上,人民出版社,2000,第21页。
② 《十五大以来重要文献选编》中,人民出版社,2001,第1008页。

定:"要区别不同情况,继续对国有企业实施战略性改组。极少数必须由国家垄断经营的企业,在努力适应市场经济要求的同时,国家给予必要支持,使其更好地发挥应有的功能;竞争性领域中具有一定实力的企业,要吸引多方投资加快发展;对产品有市场但负担过重、经营困难的企业,通过兼并、联合等形式进行资产重组和结构调整,盘活存量资产;产品没有市场、长期亏损、扭亏无望和资源枯竭的企业,以及浪费资源、技术落后、质量低劣、污染严重的小煤矿、小炼油、小水泥、小玻璃、小火电等,要实行破产、关闭。"①这里明确指出,"竞争性领域中具有一定实力的企业,要吸引多方面投资加快发展"。

在 2015 年 8 月 24 日通过的《中共中央、国务院关于深化国有企业改革的指导意见》②明确提出,要根据国有资本的战略定位和发展目标,结合不同国有企业在经济社会发展中的作用和发展需要,分类推进国企改革。对于商业类国有企业,总的目标是"增强国有经济活力、放

---

① 《十五大以来重要文献选编》(中),人民出版社,2001,第 1009 ~ 1010 页。
② 《光明日报》2015 年 9 月 14 日。

大国有资本功能、实现国有资产保值增值",其中主要处于关系国家安全、国民经济命脉的重要行业和关键领域,以及主要承担重大专项任务的商业类国有企业,"要保持国有资本控股地位";对主业处于充分竞争行业和领域的国有企业,"国有资本可以绝对控股、相对控股,也可以参股"。对于公益类国有企业,"可以采取国有独资形式,具备条件的也可以推行投资主体多元化"。

总之,通观改革以来党的所有文件,找不到把国有企业排除在竞争性领域和行业之外的任何论述。那些把中央对国有经济的战略性调整说成是"国退民进",把"国有企业要从一切竞争性领域退出"说成是中央精神的观点,是没有依据的。

五 公有制为主体是防止两极分化、实现共同富裕的根本

经过30多年改革开放和社会主义现代化建设,我国经济社会取得巨大成就,经济总量已经跃升至世界第二位,人民物质文化生活水平快速提升,但是也出现了一些比较严重的问题,一个突出表现就是居民贫富差距拉大,分配问题成为人们议论的热点之一。基尼系数是国际上通用的用来综合考察居民内部收入分配差异状况的重要分析指标。一般而言,基尼系数在0.2以下表明收入绝对平均,0.2~0.3表明收入比较平均,0.3~0.4表明收入相对合理,0.4~0.5表明收入差距较大,0.5以上表明收入差距悬殊。按照国际惯例,通常把基尼系数0.4作为收入分配差距的"警戒线",一般发达国家的基尼系数在0.24~0.36。中国的基尼系数到底是多少,一直众说纷纭。2013年1月18日国家统计局公布了2003~2012

年的基尼系数。① 数据显示,2003年我国的基尼系数是0.479,2006年是0.487,2008年是0.491,2009年是0.490,2012年是0.474。可见我国的基尼系数早已远远超过0.4的警戒线并长时间在高位徘徊。一些学者用两极分化来指称当前我国贫富差距悬殊的状况。另有学者不同意使用两极分化的概念来描述我国出现的贫富差距现象,认为两极分化是马克思恩格斯用以分析资本主义社会贫富分化的特有概念,我国是社会主义国家,本质上不存在贫富两极分化的社会机理。

的确,在马克思主义经典著作中,两极分化指的是资本主义生产方式下资本与劳动对立所产生的一种特有的社会现象,即一极是财富的积累,另一极是贫困的积累。两极分化在本质上是资本主义生产关系的反映,是资本主义积累一般规律的表现。马克思在《资本论》中深刻地阐述了资本主义积累的一般规律,他指出:"社会的财富即执行职能的资本越大,它的增长的规模和能力越大,产

---

① 《统计局:去年基尼系数0.474 收入分配改革愈发紧迫》,中国新闻网,http://finance.chinanews.com/cj/2013/01-18/4500444.shtml。

业后备军也就越大。可供支配的劳动力同资本的膨胀力一样,是由同一些原因发展起来的。因此,产业后备军的相对量和财富的力量一同增长。但是同现役劳动军相比,这种后备军越大,常备的过剩人口也就越多,他们的贫困同他们所受的劳动折磨成反比。最后,工人阶级中贫苦阶层和产业后备军越大,官方认为需要救济的贫民也就越多。这就是资本主义积累的绝对的、一般的规律。"①"这一规律制约着同资本积累相适应的贫困积累。因此,在一极是财富的积累,同时在另一极,即在把自己的产品作为资本来生产的阶级方面,是贫困、劳动折磨、受奴役、无知、粗野和道德堕落的积累。"②这种现象就是我们所说的两极分化。可见,在马克思主义经典作家看来,两极分化不仅仅是对社会财富分配不公平状态的描述,更主要的是,它体现了资本主义的生产关系的本质,即劳动和资本的两极对立,其表现形式就是财富与贫困的两极对立。马克思指出:"无产和有产的对立,只要还没有把它理解为劳

---

① 《马克思恩格斯选集》第2卷,人民出版社,1995,第258页。
② 《马克思恩格斯选集》第2卷,人民出版社,1995,第259页。

动和资本的对立,它还是一种无关紧要的对立,一种没有从它的能动关系上、它的内在关系上来理解的对立,还没有作为矛盾来理解的对立。"①因此,从两极分化反映劳资对立必然结果的实质上看,不能笼统地用两极分化来分析我国社会主义社会贫富差距问题。

本来,在社会主义条件下,是不会出现两极分化这种在资本主义条件下才会出现的社会现象的。因为社会主义社会的根本目标是实现共同富裕,共同富裕是社会主义的本质特征,社会主义的经济关系也为实现共同富裕奠定了制度保证,这种经济关系就是生产资料公有制。从理论上看,在纯粹公有制条件下,人与人之间在生产资料的占有上是平等的,谁都不可能利用生产资料来无偿占有他人的劳动成果,分配上实行的是按劳分配的原则,因而不存在产生两极分化的经济基础。从实践上看,我国在改革开放前,因为公有制占绝对统治地位,国有经济的产值占国民经济的80%以上,因此事实上也没有出现两极分化的现象。

但是,我国尚处于社会主义初级阶段,在社会主义的这

---

① 《马克思恩格斯全集》第42卷,人民出版社,1979,第117页。

一历史发展阶段,我们还不能实现公有制的"一统天下",生产力发展水平和不平衡性要求我们必须大力发展包括私营经济、外资经济、个体经济等在内的各种非公经济。前面已经分析过,在私营经济、外资经济内部,由于生产关系的资本主义性质以及劳动与资本的对立的不可根除性,无法摆脱资本主义积累的一般规律,因此必然存在财富和贫困的两极分化,两极分化存在的范围和程度随着私营经济发展的范围和程度而变化。因此,从理论上说,只要存在私有制经济成分,就存在两极分化的现实可能。如果经济领域公有制经济成分始终能够牢牢占据主体地位并不断发展壮大,那么两极分化现象就会被限定在一定范围之内。如果私营经济、外资经济过度发展,超越其作为社会主义经济的补充作用的范围,严重冲击了公有制的主体地位,那么一定范围内存在的贫富悬殊的两极分化现象就可能扩大到整个社会,出现全社会性的严重的两极分化。

有一组数据可以帮助我们认识这个问题。全国第一次经济普查资料显示,2004年全国职工年平均工资为:国有企业职工14089元,私营企业职工9282元,农民工7668元,私营企业职工的工资相当于国有企业职工工资的65%,农民工的工资为国有企业职工工资的45%。① 另据国务院研究室一个课题组的研究报告,20世纪90年代以来,珠江三角洲地区的经济以年均20%的速度增长,而当地农民工工资12年来每年仅增加5.1元,扣除物价上涨的因素,实际工资是下降的。② 而在珠江三角洲地区,私营经济、外资经济占有相当大比重。有学者研究发现,2007年,全国工资总额为2.8万亿元,国有企业发放1.62亿元,占57.9%;其他经济成分发放1.18万亿元,占42.1%,但国有企业职工人数仅占全国城镇就业总人数的21.8%,私营经济等非公有制经济占70%。③ 与此同时,非公有制经济的利润却飞速增长。据一位学者研究,2006年规模以上私营工业企业实现利润1860亿元,比2000年的189.6亿元增加了8.8倍,在全国规模以上工

---

① 国务院第一次全国经济普查领导小组办公室:《第一次全国经济普查分析报告选编》,中国统计出版社,2007,第146页。
② 国务院研究室课题组:《中国农民工调研报告》,中国言实出版社,2006,第204页。
③ 周新城:《我国社会主义初级阶段分配问题研究》,http://www.chinareform.org.cn/society/income/Report/201308/t20130802_173233_1.htm。

业企业中所占比重由4.3%上升到25.8%;拥有的资产从3873亿元上升到37910亿元,增加了8.8倍。2009年,全国私营企业实现利润达到6849亿元。① 这些数据说明,我国存在较为严重的贫富差距问题,一定范围内的两极分化现象有向整个社会扩散蔓延的迹象。

对于实践中是否会出现两极分化以及如何防止两极分化,邓小平有过大量论述。早在1981年12月会见国际友人时,邓小平就说:"坚持社会主义制度,始终要注意避免两极分化。要逐步增加人民收入,不允许产生剥削阶级,也不赞成平均主义。"②1985年邓小平在会见美国不列颠百科全书编委会副主席弗兰克·吉布尼时说:"我们遵循两条最重要的原则,第一,公有制经济始终占主体地位;第二,坚持走共同富裕的道路。一部分地区,一部分人先好起来,不会导致两极分化。"③1985年3月出席全

---

① 宗寒:《切勿忽视分配不公的巨大负作用》,《中华魂》2010年第12期。
② 《邓小平年谱1975~1997》(下),中央文献出版社,2004,第790~791页。
③ 《邓小平年谱1975~1997》(下),中央文献出版社,2004,第1075~1076页。

国科技工作会议时,邓小平又说:"社会主义的目的就是要全国人民共同富裕,不是两极分化。如果我们的政策导致两极分化,我们就失败了;如果产生了什么新的资产阶级,那我们就真是走了邪路了。"①1985 年邓小平在会见原台湾大学教授陈鼓应时说:"我们大陆坚持社会主义,不走资本主义的邪路。社会主义和资本主义不同的特点就是共同富裕,不搞两极分化。"②1986 年邓小平在接受美国记者采访时,他又说:"我国允许一部分人先好起来,一部分地区先好起来,目的是更快地实现共同富裕。我们的政策是不使社会导致两极分化,我们不会容许产生新的资产阶级。"③1990 年 4 月在会见泰国正大集团董事长谢国民时,邓小平说:"只有社会主义,才能有凝聚力,才能解决大家的困难,才能避免两极分化,逐步实现共同富裕。如果中国只有一千万人富裕了,十亿多人

---

① 《邓小平年谱 1975~1997》(下),中央文献出版社,2004,第 1032 页。
② 《邓小平年谱 1975~1997》(下),中央文献出版社,2004,第 1047 页。
③ 《邓小平年谱 1975~1997》(下),中央文献出版社,2004,第 1133 页。

还是贫困的,那怎么能解决稳定问题?我们是允许存在差别的,像过去那样搞平均主义,也发展不了经济。但是,经济发展到一定程度,必须搞共同富裕。我们要的是共同富裕,这样社会就稳定了……中国情况是非常特殊的,即使百分之五十一的人先富裕起来了,还有百分之四十九,也就是六亿多人仍处于贫困之中,也不会有稳定。中国搞资本主义行不通,只能搞社会主义,实现共同富裕,社会才能稳定,才能发展。"[1]1992年在视察南方时,邓小平强调:"社会主义的本质,是解放生产力,发展生产力,消灭剥削,消除两极分化,最终达到共同富裕……走社会主义道路,就是要逐步实现共同富裕。如果富的愈来愈富,穷的愈来愈穷,两极分化就会产生,而社会主义制度就应该而且能够避免两极分化。"[2]

可见,邓小平把共同富裕与公有制为主体当作社会主义的两个根本原则,把是否实现共同富裕、是否出现两

---

[1] 《邓小平年谱1975~1997》(下),中央文献出版社,2004,第1312页。

[2] 《邓小平年谱1975~1997》(下),中央文献出版社,2004,第1343页。

极分化当作评判改革成败的标准。邓小平的这个思想需要我们在整个改革开放进程中牢牢把握,始终高举共同富裕的大旗,坚定走共同富裕的道路,把"不搞两极分化"作为社会主义制度与资本主义制度的一个本质区别,把"共同富裕"作为"社会主义最大的优越性"和"体现社会主义本质的一个东西"①来对待。

当然,理论上讲社会主义不会出现两极分化,并不表示在初级阶段的具体实践中不会出现两极分化。我们不得不承认,在社会主义初级阶段,在一定范围内存在两极分化现象是不可避免的。客观地说,我国目前还不具备完全消除两极分化的物质条件,还不能彻底消除两极分化。这也与邓小平说的"两极分化自然出现"的论断相吻合。邓小平晚年敏锐地看到分配问题的严峻性,他说:"十二亿人口怎样实现富裕,富裕起来以后财富怎样分配,这都是大问题。题目已经出来了,解决这个问题比解决发展起来的问题还困难。分配的问题大得很。我们讲要防止两极分化,实际上两极分化自然出现。要利用各

---

① 《邓小平文选》第3卷,人民出版社,1993,第364页。

种手段、各种方法、各种方案来解决这些问题。"①那么,什么时候应当突出地提出并采取切实措施去解决两极分化和共同富裕的问题呢？邓小平说:"可以设想,在本世纪(按:指20世纪)末达到小康水平的时候,就要突出地提出和解决这个问题。"②这是他对全党和全国人民做出的政治交代。在全面深化改革的过程中,我们应当认真地对待这个重要的政治交代,着力去解决这个问题。

那么,靠什么防止两极分化、实现共同富裕呢？要从根本上解决收入分配差距扩大乃至两极分化问题,首先要找出当前收入分配差距扩大的主要根源。马克思主义基本原理告诉我们,离开所有制问题,离开公有制为主体,不可能从根本上解决分配问题,不可能实现共同富裕的目标。按照生产决定分配、所有制决定分配制、财产关系决定分配关系的马克思主义基本原理,财产占有上的差别才是收入差别最大的影响因素。30多年来我国贫富差距扩大的最根本原因,是所有制结构上和财产关系中

---

① 《邓小平年谱1975～1997》(下),中央文献出版社,2004,第1364页。
② 《邓小平文选》第3卷,人民出版社,1993,第374页。

的"公"降"私"升和化公为私,财富积累过多地集中于少数私人。因此,贫富差距的扩大和两极分化趋势的形成,实际上主要源于初次分配,而初次分配中影响最大的核心问题是劳动与资本的关系。因此,要解决贫富两极分化的问题,当然要解决分配不公的问题,但是这不能仅仅从分配领域本身着手。仅仅通过完善社会保障公共福利制度、调整财政税收、转移支付等政策,可以在一定程度上缓解收入不公问题,但是难以从根本上解决这一问题。最不能忽略的,是需要从所有制结构和财产制度上直面这一问题;需要从基本生产关系和基本经济制度来接触这个问题;需要从强化公有制为主体地位来解决这个问题。明确了这一点,就可以采取有针对性的措施从根本上解决收入分配差距扩大的问题。总之,要从财富和收入分配制度上体现立党为公、执政为民的宗旨,最为根本的是加大以调整所有制结构为基础的初次分配的力度。这就需要逐步提高公有制经济在分配中的比重,这是调整分配关系的根本之策。一句话,只要坚持公有制为主体,不断发展壮大公有制经济,两极分化现象就不但是可控的,而且是可以彻底消除的。

在思考和解决防范两极分化和实现共同富裕问题时,不能忽略广大农村地区和庞大的农业人口。邓小平晚年指出:"农业的改革和发展会有两个飞跃,第一个飞跃是废除人民公社,实行家庭联产承包为主的责任制,第二个飞跃就是发展集体经济。社会主义经济以公有制为主体,农业也一样,最终要以公有制为主体。"①他还说:"仅靠双手劳动,仅是一家一户的耕作,不向集体化集约化经济发展,农业现代化的实现是不可能的。"②"第二个飞跃"的思想提出已经20多年了,需要认真总结各地农村集体经济发展的经验,逐步实现邓小平提出的发展社会主义现代化农业的"第二个飞跃"问题,探索出一条既符合社会主义本质要求又适合生产力发展要求的中国特色社会主义现代化农业的发展道路。

总之,能否坚持公有制为主体,是事关社会主义性质的重大原则问题,也是事关改革方向的核心问题。改革

---

① 《邓小平年谱1975～1997》(下),中央文献出版社,2004,第1349页。
② 《邓小平年谱1975～1997》(下),中央文献出版社,2004,第1350页。

中要始终毫不动摇地巩固和发展公有制经济,发挥国有经济的主导作用。否定公有制的主体地位和国有经济的主导作用,必然会加剧劳动与资本的对立,加剧财富分配的两极分化,影响社会稳定,进而动摇中国特色社会主义事业的根基。

六 正确认识社会主义条件下私营经济的性质和作用

改革开放以来,随着所有制结构的不断调整,我国私有制经济成分得到了迅速发展。根据中华全国工商业联合会编写的《中国民营经济发展报告 No.3(2005~2006)》提供的数据,全国私营企业雇工人数从2000年的2011万人增长到2005年的4714万人,年均增长18.6%。到2005年,私营经济在GDP中的比重达到65%左右。[①] 另据学者研究,2010年各类所有制经济占一些重要经济指标的份额和比重大体为:从企业法人单位数看,非公经济已占全国的90%以上;从就业人员数量看,非公经济已占全国的85%以上;从企业经营资本看,非公资本已占全国的60%以上;从企业资产总额看,非公经济已占全国的60%以上;从固定资产投资看,非公投资已占全国的60%

---

① 黄孟复、胡德平主编《中国民营经济发展报告 No.3(2005~2006)》,社会科学文献出版社,2006,第5、50页。

以上;从企业销售收入看,非公企业已占全国的75%以上;从企业的税收贡献看,非公经济已占全国的65%以上;从企业创造的利润看,非公经济已占全国的70%以上;从对国民经济的总体贡献看,非公经济已占全国的近2/3。① 可见,非公经济已经成为我国社会主义市场经济的重要组成部分。

在整个社会主义初级阶段,非公经济始终是一支不可忽视的经济力量,它在中国特色社会主义建设的历史进程中发挥着举足轻重的作用。对于体量如此庞大且还在继续发展的经济力量,如何利用好、发挥好和引导好,使其沿着正确轨道健康发展,是一个关乎改革方向的重大理论和现实问题,也是一个政策性、策略性很强的问题。如何正确看待非公经济的性质和地位,如何正确处理非公经济与公有制经济的关系,是必须要回答的问题。

根据马克思主义关于生产资料所有制的理论,判断一种经济成分的性质,取决于三方面因素。一是生产资

---

① 陈永杰:《各类所有制经济的份额与比重》,《改革内参》(综合)2012年第29期。

料归谁所有,二是生产资料所有者与劳动者的关系,三是劳动成果如何分配。在我国,非公经济指的是在公有制经济以外的各类所有制经济,包括个体经济、外资经济、私营经济等。个体经济是生产资料个人所有制经济,其特征是生产资料归城乡个体劳动者所有,并以个人或家庭独立生产和经营为主,所有者同时也是劳动者,劳动成果归自己所有,是城乡劳动者自食其力的、非剥削性质的一种所有制形式。外资经济是生产资料归外国国民个人所有或外国政府投资兴建的企业所有并在我国投资的经济成分,毫无疑问,其性质属于资本主义私有制经济成分。国内私营经济是生产资料归私人所有,且企业主使用众多雇佣劳动者,以资本增殖为经营目的,并凭借生产资料所有权,无偿占有劳动者的剩余劳动,剥削劳动者剩余价值,其性质同样属于资本主义私有制经济成分。

这里,对个体经济和外资经济的所有制性质,在理论界和社会上容易取得共识。而对于私营经济的所有制属性,还有一些不同认识。比如认为,既然私营经济是社会主义公有制经济的重要补充,又是社会主义市场经济的重要组成部分,这是我们党改革开放以来做出的两个重要论断,那么公有经济和非公经济就都是社会主义性质的经济,因此我们不应该再去区分什么公有制、私有制,用"公有"还是"私有"去区分所有制经济成分的性质就是一种意识形态障碍。比如认为,在社会主义初级阶段,我们需要大力发展私营经济,继续发挥私营经济的积极作用,为了让广大私营企业主打消顾虑,扩大投资,应该与时俱进进行理论创新,修正乃至否定马克思主义的劳动价值理论,用西方经济学的要素价值理论来代替劳动价值论。比如认为,私营经济中的股份制公司特别是上市公司,企业内部的股权结构已经发生深刻变化,成为社会化的企业,已经成为社会主义公有制经济的有效实现形式。有的甚至歪曲马克思恩格斯关于股份制的论述,认为马克思恩格斯主张股份制就是公有制,有的甚至认为西方资本主义国家的股份制企业已经克服了生产资料私人占有与生产的社会化这一资本主义基本矛盾,美国的社会主义因素比中国还多。

首先,我们党根据生产力决定生产关系、生产关系要适应生产力发展要求的客观规律,在准确把握我国社会主义初级阶段的基本国情的基础上,提出私营经济是社会主义公有制经济的重要补充的重要论断。在实行社会主义市场经济运行体制的过程中,又提出包括私营经济在内的非公有制经济是社会主义市场经济的重要组成部分。的确,这两个论断是我们党在经济改革领域的两个极其重要的科学决策。但是,从这两个重要论断中,无论如何也得不出非公经济是社会主义性质的经济的结论。恰恰相反,私营经济是社会主义经济的有益补充这一论断本身,就说明了私营经济的地位和性质。我国《宪法》第六条明确规定:"中华人民共和国的社会主义经济制度的基础是生产资料的社会主义公有制,即全民所有制和劳动群众集体所有制。社会主义公有制消灭人剥削人的制度,实行各尽所能、按劳分配的原则。国家在社会主义初级阶段,坚持公有制为主体、多种所有制经济共同发展的基本经济制度,坚持按劳分配为主体、多种分配方式并存的分配制度。"可见,公有制经济才是社会主义性质的经济,非公有制经济是非社会主义性质的经济。因此,公有制经济必须占主体地位,非公有制经济只能占补充地位。明确了这一点,对于确保改革的正确方向,确保公有制作为社会主义制度的经济基础的巩固和不断壮大,进而确保包括共产党执政地位和人民政权在内的社会主义上层建筑的不断稳固,以及确保向社会主义中高级阶段乃至向共产主义迈进,具有极端重要的意义。

当然,在市场经济运行体制下,不管是公有制经济,还是非公有制经济,都是构成市场经济运行主体的重要组成部分,正如我国《宪法》第十一条规定:"在法律规定范围内的个体经济、私营经济等非公有制经济,是社会主义市场经济的重要组成部分。国家保护个体经济、私营经济等非公有制经济的合法的权利和利益。国家鼓励、支持和引导非公有制经济的发展,并对非公有制经济依法实行监督和管理。"明确这一点,就要求我们必须平等、公正地对待非公经济,努力消除对非公经济的政策歧视和意识形态歧视,创造有利、宽松的政策环境和舆论环境,充分发挥非公经济的积极作用。

需要指出的是,指明私营经济的非社会主义经济的性质和地位,与承认私营经济是社会主义市场经济的重要组成部分,这是两个层面、不同性质的问题。我们既不能因为在理论上私营经济属于非社会主义性质的经济,在实践中就敌视、歧视、打压私营经济,也不能因为私营经济是社会主义市场经济的重要组成部分,就把它说成是社会主义性质的经济成分。一种经济成分的所有制属性,是由其本身的内在规定性决定的。因此不能说私营经济在资本主义国家是私有制,在社会主义国家就不是私有制;也不能说,私营经济在一个历史时期是私有制,在另一个历史时期就不是私有制;更不能说,当我们不需要它的时候它是私有制,当我们需要它的时候它就不是私有制。在这个问题上,要把理论的原则性与政策的灵活性高度结合在一起。

同样,在剥削问题上,也一定要正确处理好理论的原则性与政策、策略的灵活性的关系。从理论上说,私有制经济是建立在生产资料私人所有制基础之上的经济,私营企业主凭借对生产资料的占有能够无偿占有工人的剩余劳动,剥削是私有制经济的显著特征之一。这是毋庸置疑的事实。承认这一事实,就体现了理论的科学性和纯洁性,也体现了理论的彻底性。但是,理论上是否承认私营经济存在剥削,与在一定历史阶段政策上是否允许剥削一定范围一定程度的存在,这是两码事。在社会主义初级阶段,适应我国生产力发展不平衡的现状,个体经济、外资经济、私营经济等各类非公经济在发展经济、促进就业、增加税收、保障供给等方面发挥着积极作用,有力地促进了国民经济的快速稳定增长。虽然外资经济和私营经济存在一定的剥削现象,但是它与资本主义制度下的剥削有着很大的不同。在社会主义条件下,私营经济受到国家政策的引导、监督和管理,剥削被限定在可控和合理的范围之内。政策上允许私营经济存在和发展,就必然允许剥削现象一定程度的存在,这与理论上指出私营经济的剥削性质是不相矛盾的。理论上承认剥削与实践中允许剥削,体现了我们党思想上的成熟。实事求是是党的思想路线,理论上是什么就是什么,政策上该怎样就怎样。因为理论上承认剥削就不顾现实需要,在实践中超越历史阶段,强制性消灭剥削,这样做是"左"的表现;因为现实中需要剥削就让理论迁就现实,在理论上否认剥削,这样做是右的表现。

至于能否笼统地说股份制就是公有制,需要从学界经常引用的两段马恩的论述说起。前文说过,一些学者为了论证股份制就是公有制,从马克思主义经典著作中寻找依据,说马克思说过,股份制公司的资本是与"私人资本"相对立的"社会资本",股份制企业是"与私人企业"相对立的"社会企业"。说恩格斯也说过,股份公司"已经不再是私人生产"了。因此认为,股份制的出现是对私有制的一种自我否定,是资本主义私有制向公有制的发展,甚至认为在欧美一些国家公有制已经占据了主导地位。实际上,这种观点在20世纪下半叶就有。第二次世界大战后,资本主义国家推行职工持股,一些人就大肆宣扬所谓资本主义已经进入"人民资本主义"时代,似乎资本主义制度下的股份公司由于所有权的"分散化",从而改变了资本主义的经济关系,这一论点也被社会主义和资本主义两种制度"趋同论"者广泛引用。

为了澄清马克思恩格斯关于股份制思想的原意,我们不妨看看马恩是怎么说的。马克思在《资本论》中说:"股份公司的成立。由此:1. 生产规模惊人地扩大了,个别资本不可能建立的企业出现了……2. 那种本身建立在社会生产方式的基础上并以生产资料和劳动力的社会集中为前提的资本,在这里直接取得了社会资本(即那些直接联合起来的个人的资本)的形式,而与私人资本相对立,并且它的企业也表现为社会企业,而与私人企业相对立。这是作为私人财产的资本在资本主义生产方式本身范围内的扬弃。"①接着,马克思说:"资本主义生产极度发展的这个结果,是资本再转化为生产者的财产所必需的过渡点,不过这种财产不再是各个互相分离的生产者的私有财产,而是联合起来的生产者的财产"。② 恩格斯在《1891年社会民主党纲领草案批判》说:"究竟什么是资本主义私人生产呢?那是由单个企业家所经营的生产,可是这种生产已经越来越成为例外了。由股份公司经营的资本主义生产,已经不再是私人生产,而是由许多人联合负责的生产。"③

在早期资本主义时期,资本主义生产主要体现为单个资本家自己投资、自己管理的形式。随着生产规模的扩大,也随着一些修建铁路之类的庞大工程的需求,单个资本家经营的生产形式愈来愈不能适应生产力的发展,正如马克思说的:"生产规模惊人地扩大了,个别资本不可能建立的企业出现了。"也就是股份制公司出现了。股

---

① 《马克思恩格斯文集》第7卷,人民出版社,2009,第494~495页。
② 《马克思恩格斯文集》第7卷,人民出版社,2009,第495页。
③ 《马克思恩格斯文集》第4卷,人民出版社,2009,第410页。

份公司的出现,改变了原先由一个一个独立的资本家个人投资建厂的生产模式,成为由许多资本家合作投资的生产模式,也就是上述引文中马恩说的由"个别资本""私人资本""单个企业家""私人企业""私人生产"转化为"社会资本""社会企业""直接联合起来的个人的资本""许多人联合负责的生产"。这里的"私人资本"指的是单个资本家的资本,这里的"私人企业"指的是单个资本家的企业,这里的"私人生产"指的是单个资本家的生产。而这里"社会企业""社会资本"中的"社会"一词,在德文中又有"公司"的含义。对于这个含义,《马克思恩格斯文集》的编译者在上述马恩论述的注释中特意做了说明。因此,上述资本主义生产企业形态的转化,指的是由单个资本家的企业向众多资本家联合起来的股份公司的转化。马克思说,这种转化只是"私人财产的资本在资本主义生产方式本身范围内的扬弃",这种扬弃克服了单个私人资本独立经营的狭小规模和单个资本私有者直接经营在管理能力上的局限性,推动了社会化大生产的进一步发展。但是,资本主义股份制公司仍然是"资本"之间的联合,生产资料的私人占有制没有改变,资本雇佣劳动的生产关系没有改变,如同马克思在另一段论述中所说:"这种向股份形式的转化本身,还是局限在资本主义界限之内;因此,这种转化并没有克服财富作为社会财富的性质和作为私人财富的性质之间的对立,而只是在新的形态上发展了这种对立。"① 恩格斯也明确指出:"无论转化为股份公司,还是转化为国家财产,都没有消除生产力的资本属性。在股份公司的场合,这一点是十分明显的……资本关系并没有被消灭,反而被推到了顶点。"② 至此,我们看到,马克思主义经典作家在资本主义股份制问题上说得再明白不过了,从中无论如何得不出资本主义股份制已经"扬弃"了资本主义私人所有制和资本主义生产关系,进而具有劳动者共同占有生产资料的公有制性质的结论。至于马克思说的股份公司"是资本再转化为生产者的财产所必需的过渡点",指的是股份制这种财产组织形式,把分散的小资本生产方式汇聚成大规模生产的大资本方式,这对以后向公有制转化更加便利,而并不

---

① 《马克思恩格斯文集》第7卷,人民出版社,2009,第498~499页。
② 《马克思恩格斯选集》第3卷,人民出版社,1995,第629页。

意味着股份公司已经使私有制本身发生了质的变化,它只是"过渡点"而已,并不是已经完成了这种过渡。

对待马克思主义,一定要有科学严肃的态度,要认真研读、全面准确地加以理解。如果断章取义、望文生义地理解马克思主义经典著作,随意肢解、歪曲马恩原意,就会得出截然相反的结论。历史的经验和教训告诉我们,学习和运用马克思主义,必须分清哪些是必须坚持的马克思主义基本原理,哪些是需要结合新的实际加以丰富发展的理论判断,哪些是必须破除的对马克思主义的教条式的理解,哪些是必须澄清的附加在马克思主义名下的错误观点。弄清这些问题,对于在新的历史条件下坚持和发展马克思主义,推进马克思主义中国化,是十分重要的。否则,不仅会在学术理论界造成极大的思想混乱,而且会对改革开放和社会主义现代化建设的实践造成重大损害。

在如何认识股份制的性质和作用的问题上,党的十五大指出:"股份制是现代企业的一种资本组织形式,有利于所有权和经营权的分离,有利于提高企业和资本的运作效率,资本主义可以用,社会主义也可以用。不能笼统地说股份制是公有还是私有,关键看控股权掌握在谁手中。国家和集体控股,具有明显的公有性,有利于扩大公有资本的支配范围,增强公有制的主体作用。"①这里,我们党区分了股份制的一些不同情况。对于纯粹由公有制企业联合组成的股份制企业,其性质当然是公有制的;对于纯粹由私有制企业联合组成的股份制企业,其性质肯定是私有制的;对于由国家和集体控股的股份制企业,则"具有明显的公有性"。因此,不管是公有资本独资,还是控股或者参股,积极发展股份制的目的应该是"有利于扩大公有资本的支配范围,增强公有制的主体作用"。

明确私营经济的性质,对于理解私营经济在社会主义初级阶段所有制结构中的地位,对于为什么要确立公有制经济的主体地位,以及怎样才能更好地发挥非公经济的作用,如何处理好公有制经济与非公经济的关系,具有重要意义。改革开放以来,我们一直有一个如何正确利用国外资本主义(外资经济)和民族资本主义(私营经济)来建设社会主义的问题。对于资本主义文明的有益成果,应当积极加以利用,比如合理利用发达资本主义国

---

① 《十五大以来重要文献选编》上,人民出版社,2000,第21~22页。

家的资本,引进、学习和借鉴先进的经营方式、管理经验。在这方面,苏联新经济政策时期,列宁大胆利用资本主义来建设社会主义的思想,为我们提供了宝贵经验。当时列宁在分析资本主义租让制时说:"把资本家请到俄国来不危险吗?这不是意味着发展资本主义吗?是的,这是意味着发展资本主义,但是这并不危险,因为政权掌握在工农手中"。"在这种条件下发展资本主义是不危险的,而产品的增加却会使工农得到好处。"① 新中国成立后,毛泽东在坚持公有制是社会主义制度的主要特征的前提下,针对社会主义三大改造完成后形成的单一的公有制经济的弊端,提出"只要社会需要,地下工厂还可以增加。可以开私营大厂,订个协议,十年、二十年不没收。华侨投资的,二十年、一百年不要没收。可以开投资公司,还本付息。可以搞国营,也可以搞私营。可以消灭了资本主义,又搞资本主义"。② 这些思想启示我们,一方面要打消顾虑,积极利用资本主义一切有益成果;另一方面,在

---

① 《列宁全集》第41卷,人民出版社,1986,第238~239页。
② 《毛泽东文集》第7卷,人民出版社,1999,第170页。

引进借鉴的时候要同中国的国情相结合,必须服务于发展社会主义经济,吸收外资、合资经营等都不能伤害到社会主义经济的主体地位,必须确保社会主义经济的比重始终占优势。也就是说,外资经济只能是中国社会主义经济的补充,不能是主体,也不允许其控制中国的经济命脉。

同样,对于我国的民族资本主义经济即私营经济,需要既扶持又引导,使其健康发展。也就是说,私营经济的发展不是搞得越多越大就越好,是有一个发展的界限的。因为改革开放的目的不是发展资本主义,而是发展社会主义。因此,包括外资经济和民族私营经济在内的私有制经济的发展有一条不可逾越的底线,即不允许冲击,更不允许替代公有制的主体地位,不能出现两极分化。如果严重冲击了公有制的主体地位,出现了两极分化,就必须采取果断措施加以扭转。邓小平在对资本主义雇佣劳动制要不要动的问题上曾说过:"动还是要动,因为我们不搞两极分化。但是,在什么时候动,用什么方法动,要研究。动也就是制约一下。"[①]这就是说,资本主义私有制

---

① 《邓小平文选》第3卷,人民出版社,1993,第216页。

经济并不是可以无限制地发展的。如果私有制经济的发展超过一定限度，真到了尾大不掉的地步，特别是如果上层建筑受到资本主义私有制相当程度的侵蚀或者绑架，到时候想制约恐怕也失去了制约的能力。

改革开放以来，我们党对外资经济、私营经济的性质的看法一直是非常清醒的。党的十三大报告明确指出："私营经济是存在雇佣劳动关系的经济成份""私营企业雇用一定数量的劳动力，会给企业主带来部分非劳动收入。"[①]十三届四中全会以后，1989年8月28日《中共中央关于加强党的建设的通知》强调："私营企业主同工人之间实际上存在着剥削与被剥削的关系"[②]。但是，我们党并没有仅仅从外资经济、私营经济的私有制性质，仅仅从是否存在剥削关系来判断私有制经济存在的价值。相反，我们党提出公有制为主体、多种所有制经济共同发展的基本经济制度，允许私营经济存在，在政策上积极鼓励、支持和引导私营经济的发展，并且把改革开放以来出

---

① 《十三大以来重要文献选编》上，人民出版社，1991，第32页。
② 《十三大以来重要文献选编》中，人民出版社，1991，第598页。

现的包括私营企业主在内的新的社会阶层定位为中国特色社会主义的建设者。这是从我国社会主义初级阶段的国情出发,从调动一切积极因素发展社会生产力的大局出发,做出的实事求是的科学决策,既坚持了科学社会主义的基本原则,又根据我国实际和时代特征赋予其鲜明的中国特色。因此,既要清醒地认识到私营经济的私有制性质,也要看到它在一定历史阶段是一种有益的补充。只要对发展经济有利,只要不对公有制主体地位造成损害,就应当鼓励私营经济在其应有的空间里充分发展。

七 坚持改革的正确方向,确保基本经济制度的巩固和发展

改革是社会主义制度的自我完善,改革的目的是在各方面形成与我国社会主义初级阶段基本国情相适应的比较成熟、比较定型的制度,使中国特色社会主义充满生机和活力。邓小平曾说:"我们的改革要达到一个什么目的呢?总的目的是要有利于巩固社会主义制度,有利于巩固党的领导,有利于在党的领导和社会主义制度下发展生产力。"① 可见,改革开放是手段,目的是上述三个"有利于"。这三个"有利于"同时也是改革的评价标准。如果改革使社会主义因素越来越少、资本主义因素越来越多,如果改革使党的领导地位越来越削弱甚至发生了动摇,那么改革就失败了。因此,改革的着力点是对社会主义制度的完善和发展,一切改革措施都要聚焦于三个"有利于",用三个"有利于"来评判改革的成败得失。

---

① 《邓小平文选》第3卷,人民出版社,1993,第241页。

公有制为主体、多种所有制经济共同发展的基本经济制度,是我们党坚持解放思想、实事求是、与时俱进的思想路线,是把马克思主义基本原理与中国具体实际相结合的重大理论创新,是我国社会主义初级阶段社会经济制度的核心与基础。改革实践中一定要坚持正确方向,紧紧围绕上述三个"有利于"的目标,确保基本经济制度的巩固和发展。在这个问题上,无论是理论阐述、思想认识还是实际工作,都不能混淆社会主义经济和资本主义经济、公有制和私有制的界限,不能不问姓"社"姓"资"、姓"公"姓"私"。

多年来,一些人总认为邓小平是不问姓"社"姓"资"的实用主义者,然而,查遍《邓小平文选》和《邓小平年谱》,找不到任何关于"改革不问姓'社'姓'资'"的论述,相反,邓小平多次明确说过,我们的改革姓"社"不姓"资"。在1992年南方谈话中他说:"到本世纪末,上海浦东和深圳要回答一个问题,姓'社'不姓'资',两个地方都要做标兵。要回答改革开放有利于社会主义,不利于资本主义。这是个大原则……要用上百上千的事实来回答改革开放姓'社'不姓'资',有利于社会主义,不利于资本主义。"①他还说:"过去行之有效的东西,我们必须坚持,特别是根本制度,社会主义制度,社会主义公有制,那是不能动摇的。"②这些论述对于澄清错误认识,更好地坚持和巩固初级阶段基本经济制度,有着重要的指导意义。

在如何坚持和巩固基本经济制度的问题上,党的十六大曾提出了"两个毫不动摇"的方针:"第一,必须毫不动摇地巩固和发展公有制经济。发展壮大国有经济,国有经济控制国民经济命脉,对于发挥社会主义制度的优越性,增强我国的经济实力、国防实力和民族凝聚力,具有关键性作用。集体经济是公有制经济的重要组成部分,对实现共同富裕具有重要作用。第二,必须毫不动摇地鼓励、支持和引导非公有制经济发展。个体、私营等各种形式的非公有制经济是社会主义市场经济的重要组成部分,对充分调动社会各方面的积极性、加快生产力发展具有重要作用。第三,坚持公有制为主体,促进非公有制经济发展,统一于社会主义现代化建设的进程中,不能把

---

① 《邓小平年谱 1975~1997》(下),中央文献出版社,2004,第 1340 页。
② 《邓小平文选》第 2 卷,人民出版社,1994,第 133 页。

这两者对立起来。各种所有制经济完全可以在市场竞争中发挥各自优势,相互促进,共同发展。"①"两个毫不动摇"全面系统地重申了我们党改革开放以来为什么要坚持公有制经济为主体,为什么要坚持国有经济为主导,为什么要大力发展各种非公有制经济,以及如何正确处理公有制经济和非公经济的关系的理论和政策。在实践中要全面贯彻"两个毫不动摇"方针,防止把"两个毫不动摇"变成"一个毫不动摇",特别要防止忽视甚至反对第一个"毫不动摇"、片面强调第二个"毫不动摇"的倾向。

如何更好地体现公有制的主体地位,探索基本经济制度的有效实现形式,是改革开放以来摆在我们党面前的一个重大课题。党的十八届三中全会在坚持和发展党的十五大以来有关论述的基础上,提出要积极发展混合所有制经济,使其成为基本经济制度的重要实现形式。这是指导新时期经济体制改革特别是国有企业改革的一个重要理论创新。但是,围绕混合所有制和国有

---

① 《十六大以来重要文献选编》上,中央文献出版社,2005,第 19 页。

企业改革问题,舆论界展开激烈争论。争论的焦点是要不要坚持和巩固公有制的主体地位和国有经济的主导作用,即是坚持马克思主义为指导,把混合所有制作为巩固和加强公有制主体地位和引导非公有制经济发展的一种形式和手段,成为基本经济制度的实现形式;还是以新自由主义为指导,把混合所有制作为私有化国有企业的工具。其实,中央提出发展混合所有制经济的目的非常明确。习近平总书记在十八届三中全会上对《中共中央关于全面深化改革若干重大问题的决定》做的说明强调指出:"提出要积极发展混合所有制经济,强调国有资本、集体资本、非公有资本等交叉持股、相互融合的混合所有制经济,是基本经济制度的重要实现形式,有利于国有资本放大功能、保值增值、提高竞争力。这是新形势下坚持公有制主体地位,增强国有经济活力、控制力、影响力的一个有效途径和必然选择。"[①]可见,发展混合所有制经济是为了巩固公有制的主体地位、加强国

---

① 习近平:《关于〈中共中央关于全面深化改革若干重大问题的决定〉的说明》,《人民日报》2013年11月16日。

有经济主导作用,绝不是为了削弱公有制,更不是为了私有化国有企业。2014年"两会"期间,习近平总书记再次强调,发展混合所有制经济,"要吸取过去国企改革经验和教训,不能在一片改革声浪中把国有资产变成谋取暴利的机会"。① 这就指明了积极发展混合所有制的方向以及需要防止的错误倾向。也就是说,包括发展混合所有制经济和国有企业改革在内的经济领域的任何改革措施,都必须服从于、服务于巩固和发展中国特色社会主义基本经济制度,离开了这个根本宗旨和目的,改革就会南辕北辙。

2015年8月24日,中共中央、国务院通过了《关于深化国有企业改革的指导意见》(简称《意见》)。《意见》在国有企业的性质和定位上,再次强调,国有企业是"推进国家现代化、保障人民共同利益的重要力量,是我们党和国家事业发展的重要物质基础和政治基础"。在基本经济制度和国有经济关系问题上,《意见》明确提出,坚持和

---

① 《习近平:不能在一片改革声浪中把国有资产变成谋取暴利的机会》,新华网,http://news.xinhuanet.com/politics/2014-03/09/c_119679886.htm。

完善基本经济制度"是深化国有企业改革必须把握的根本要求"。在发展混合所有制经济问题上,《意见》在吸取国有企业改革经验教训的基础上提出,推进国有企业混合所有制改革,要"坚持因地施策、因业施策、因企施策,宜独则独、宜控则控、宜参则参,不搞拉郎配,不搞全覆盖,不设时间表"。《意见》还分别就防止国有资产流失和加强党对国有企业的领导设专门章节予以阐述,旗帜鲜明地提出要"坚定不移做强做优做大国有企业"。可以说,《意见》是新时期指导和推进国有企业改革的纲领性文件,对于坚持、巩固和完善基本经济制度有极其重要的意义。

总之,坚持改革的正确方向,巩固和发展基本经济制度,要求我们在理论上要坚决抵制西方新自由主义错误思潮,在实践中要坚决防止私有化。美国前总统尼克松在20世纪末说过一段话:"在经济方面,中国朝自由市场制度前进的过程已经走了一半。现在,它的两种经济——一种私有,一种公有——正在进行殊死的竞争",而且"战斗还远远没有结束"。只要美国"继续介入中国的经济,就能在帮助私营经济逐步消蚀国营经济方面扮演重要的角色"。① 尼克松把社会主义市场经济当作西方自由市场制度的认识是错误的,把我国公有制经济和私营经济之间的关系说成是"殊死的竞争"和"战斗",也是错误的,但是消灭公有制经济的意图溢于言表,因为只有私营经济成为主体,才能从根本上改变中国社会主义制度的性质。我们要努力防止这种情况的发生。

习近平总书记多次强调,"中国是一个大国,决不能在根本性问题上出现颠覆性错误"。毫无疑问,社会主义初级阶段基本经济制度就是这样事关社会主义性质和原则的根本性问题。在这个问题上,我们不能犯颠覆性错误!

---

① 〔美〕理查德·尼克松:《透视新世界》,中国言实出版社,2000,第162、163、171页。

居安思危·世界社会主义小丛书
(已出书目)

编号	作者	书 名	审稿人
1	李慎明	忧患百姓忧患党——毛泽东关于党不变质思想探寻	侯惠勤
2	陈之骅	俄国十月社会主义革命	王正泉
3	毛相麟	古巴：本土的可行的社会主义	徐世澄
4	徐世澄	当代拉丁美洲的社会主义思潮与实践	毛相麟
5	姜 辉 于海青	西方世界中的社会主义思潮	徐崇温
6	何秉孟 李 千	新自由主义评析	王立强
7	周新城	民主社会主义评析	陈之骅
8	梁 柱	历史虚无主义评析	张树华
9	汪亭友	"普世价值"评析	周新城
10	王正泉	戈尔巴乔夫与"人道的民主的社会主义"	陈之骅

编号	作者	书 名	审稿人
11	王伟光	马克思主义与社会主义的历史命运	侯惠勤
12	李慎明	居安思危：苏共亡党的历史教训	课题组
13	李 捷	毛泽东对新中国的历史贡献	陈之骅
14	靳辉明 李瑞琴	《共产党宣言》与世界社会主义	陈之骅
15	李崇富	毛泽东与马克思主义中国化	樊建新
16	罗文东	中国特色社会主义理论与实践	姜 辉
17	吴恩远	苏联历史几个争论焦点真相	张树华
18	张树华 单 超	俄罗斯的私有化	周新城
19	谷源洋	越南社会主义定向革新	张加祥
20	朱继东	查韦斯的"21世纪社会主义"	徐世澄
21	卫建林	全球化与共产党	姜 辉
22	徐崇温	怎样认识民主社会主义	陈之骅
23	王伟光	谈谈民主、国家、阶级和专政	姜 辉

编号	作者	书名	审稿人
24	刘国光	中国经济体制改革的方向问题	樊建新
25	有林 等	抽象的人性论剖析	李崇富
26	侯惠勤	中国道路和中国模式	李崇富
27	周新城	社会主义在探索中不断前进	陈之骅
28	顾玉兰	列宁帝国主义论及其当代价值	姜辉
29	刘淑春	俄罗斯联邦共产党二十年	陈之骅
30	柴尚金	老挝:在革新中腾飞	陈定辉
31	迟方旭	建国后毛泽东对中国法治建设的创造性贡献	樊建新
32	李艳艳	西方文明东进战略与中国应对	于沛
33	王伟光	纵论意识形态问题	姜辉
34	朱佳木	中国特色社会主义纵横谈	朱峻峰
35	姜辉	21世纪世界社会主义的新特点	陈之骅
36	樊建新	我国社会主义初级阶段的基本经济制度	周新城

编号	作者	书名	审稿人
37	周新城	当代中国马克思主义政治经济学的若干理论问题	樊建新
38	赵常庆	社会主义在哈萨克斯坦的兴衰	陈之骅
39	李东朗	中国共产党是抗日战争的中流砥柱	张海鹏
40	王正泉	苏联伟大卫国战争	陈之骅
41	于海青 童晋	欧洲共产党与反法西斯抵抗运动——镌刻史册的伟大贡献	姜辉
42	张剑	社会主义与生态文明	李崇富

图书在版编目(CIP)数据

我国社会主义初级阶段基本经济制度/樊建新著.——北京：社会科学文献出版社，2016.10
（居安思危·世界社会主义小丛书）
ISBN 978-7-5097-6553-1

Ⅰ.①我… Ⅱ.①樊… Ⅲ.①中国经济－经济制度－研究 Ⅳ.①F121

中国版本图书馆CIP数据核字（2014）第224525号

居安思危·世界社会主义小丛书
我国社会主义初级阶段基本经济制度

著　　者 / 樊建新

出 版 人 / 谢寿光
项目统筹 / 祝得彬
责任编辑 / 仇　扬

出　　版 / 社会科学文献出版社·马克思主义编辑部（010）59367004
　　　　　　地址：北京市北三环中路甲29号院华龙大厦　邮编：100029
　　　　　　网址：www.ssap.com.cn
发　　行 / 市场营销中心（010）59367081　59367018
印　　装 / 北京季蜂印刷有限公司

规　　格 / 开　本：787mm×1092mm　1/32
　　　　　　印　张：3.75　字　数：52千字
版　　次 / 2016年10月第1版　2016年10月第1次印刷
书　　号 / ISBN 978-7-5097-6553-1
定　　价 / 10.00元

本书如有印装质量问题，请与读者服务中心（010-59367028）联系
▲ 版权所有 翻印必究